維新と興亞

道義国家
日本を
再建する
言論誌

令和6年
3月号

【第23号】

崎門学研究会・
大アジア研究会
合同編集

題字
柳田泰山

維新と興亞

令和六年三月号

農業崩壊

【巻頭言】共同体解体に加担するメディア

「孤独・孤立対策推進法」が昨年六月に成立した。政府が「孤独・孤立」を重要な政策課題として認識するようになった結果だろう。ここで厚労省が「血縁、地縁、社縁」という「共同体」機能が脆弱化したとして、地域コミュニティの育成を重視していること自体に異論はない。コミュニティには、相互扶助、公共性の維持、伝統・文化の継承など重要な役割がある。

しかし、これまでの政府の政策はことごとく「共同体」機能を弱体化させる結果をもたらしてきたのではないか。その政策を支持してきたのがメディアや学者たちである。それを反省するのが先決ではあるまいか。

「共同体」機能は様々な組織、団体によって支えられてきた。社会全体と個人との間に位置する家族、町内会、会社、労働組合、宗教団体、業界団体、農協といった集団は、中間集団、中間団体と呼ばれている。

戦前には良くも悪くも中間集団は機能を発揮していた。ところが、日本弱体化を窮極の目的としたＧＨＱの初期対日占領政策によって、中間集団は解体された。ＧＨＱは憲法二十四条によって戸主権を否定し、さらに部落会・町内会・隣組の廃止を決定した。その際、ＧＨＱが喧伝したスローガンが「民主化」であった。

確かに、戦時下の中間集団が戦争遂行という目的のために歪められたことは否定できない。その苦い記憶を巧みに利用することによって、ＧＨＱは家制度や中間団体が個人の自由を奪う非民主的な存在であることを日本人に刷り込んでいったのだ。これに呼応するかのように川島武宜は「家族的生活原理こそ、われわれの社会生活の民主化を今なお強力にはばんでいる」と説いた。また大塚久雄の共同体論によって、共同体の解体が封建制の残滓を除去し、民主制への転換をもたらすとの考え方が拡がり、ムラ社会は嫌悪されてきた。

戦後の日本社会において、辛うじて共同体の機能を果たしていたのが、終身雇用、年功序列を特徴とする日本の企業だった。ところが、国際的な企業間競争が厳しくなる中で日本的経営を維持することは困難になり、市場・利潤・株主重視こそがグローバル・スタンダードだとして日本的経営は退けられた。

一方、小泉政権以降、新自由主義、グローバリズムが強まる中で、日本の制度はグローバリストの望み通りに作り変えられてきた。郵政民営化や農業改革の背景にもグローバリストの利益追求があった。全国郵便局長会や農協がやり玉に挙がったのも、グローバリストにとってそれらが邪魔な存在だったからだ。

神戸大学教授の梶谷懐氏は〈竹中（平蔵）氏は小泉政権で閣僚を務めていた時期から……日本社会に残る様々な「古い慣習」や中間団体を「既得権益」としてその解体を目指す、という性格を濃厚にもっていた〉と指摘している（『現代ビジネス』令和二年十月四日）。

そして、多くのマスメディアが竹中氏らの新自由主義者に加担してきた。左派メディアは、全国郵便局長会が地域社会で果たしている「共同体」機能に光を当てることもなく、ごく一部の不祥事を論って、組織の体質の問題として容赦なく批判してきた。例えば、朝日新聞の藤田知也記者は〈時代が変わっても、組織の意向には逆らえない「ムラの掟」のようなものを感じます……彼らは誤りを正したり、仕組みを変えたりすることよりも、「ムラの掟」を第一に考え、逆らう者を排除しようとする傾向がある〉と断じる。

アメリカの政治学者マイケル・リンドは、『新しい階級闘争』において、中間集団の復権がなければ自由民主主義は滅ぶと警告しているが、中間集団を断罪する左派メディアにはそうした警告は耳に入らないようだ。

「共同体」機能を脆弱化させている点においては、右派メディアも同罪だ。『Ｖｏｉｃｅ』を筆頭に、右派メディアは小泉政権以来の新自由主義路線を礼賛してきた。中間集団が育む価値観は、国体とともに国家の根幹である。それをどう維持するかを考えることが先決だ。


（坪内隆彦）

千葉県議会議員　折本龍則

千葉県も来年（令和6年）度当初予算などを審議する2月議会が始まった。千葉県は全国でも屈指の農林水産県であるが、全国同様、農林水産業の衰退が著しい。農業の担い手も年々高齢化が進み、平成2年の約12・1万人から令和2年には約5万人と、過去30年の間に半分以下に激減している。まさに危機的な状況だ。こうしたなかで千葉県は、新たな担い手の確保や生産の拡大に向けて本腰を入れて取り組まねばならないのは言うまでもないが、当初予算をみるにつけ、その様な危機に対する本気度や真剣さが伝わってこない。

来年度予算における農業関連での施策を挙げるとざっと以下の様なものだ。

○「稼げる農業」の推進○農林水産業におけるスマート化の推進○さつまいもや梨の生産拡大支援○飼料用米等拡大支援○肉用牛ブランド力向上対策事業○農地集積加速化促進事業○新規就農者確保推進事業○新規就農者に対する資金支援○県産農林水産物輸出促進事業

ここでいう「稼げる農業」とは、要は生産規模の拡大を支援するために農業者に対してコンサルティングを行ったり、ハウスや集出荷施設の整備を補助するというものだ。農林水産業の「スマート化」とは、AIやICT、ドローンを活用して生産の効率化を図るというものだ。また新規就農者確保推進事業は、マイナビバイトなど、民間の就農情報サイトを活用して県内の就農体験談等を発信したり、経営マネジメントの知見を持つ経済系大学の学生にPRを行うというものである。

はたして熊谷知事は、この程度の施策で本当に千葉県の農業を建て直せると思っているのだろうか。議会質問に対する知事や当局の答弁を聞いていても、上述した様な「稼げる農業」「スマート化」「農地の大規模集約」「輸出促進」「農業の六次産業化」といった言葉をよく耳にする。「六次産業化」とは、農家が生産から加工・流通・小売までを一括して担うことで中間マージンを減らし農家の手取りを増やすという考え方だ。聞こえはいいが、要は農家が自助努力で売って稼ぐという事だ。しかし、そもそも農家は稼がねばならないものなのだろうか。作るだけでも大変なのに、さらに自ら加工して売らなければ十分な所得が得られないとしたら、その様な農業自体がおかしい。

さつまいもや梨の生産拡大に力を入れるのも結構だが、最も重要なのは、国民がなくては飢えてしまう米麦大豆などの主要農作物の生産農家を守る事である。県は中間管理機構などを通じて農地の大規模集約を推し進めているが、いまの米農家はそもそも売価が生産費を下回っているので作れば作るほど赤字が増えているとも聞く。結局、「大規模集約」と称して一部の農家に負担のしわ寄せが集中しているだけではないのか。それに「スマート農業」というのは簡単だが、北海道のような広大な農地（一戸当たり30・2ha）ならともかく、千葉県のような耕作面積（1・15ha）でAIやICT、ドローンを活用した所で、どこまで生産性の向上に役立つかは疑問である。

新規就農者を確保するためにマイナビでいくら若者に情報発信やPRを行っても、肝心の農業所得が少なければだれも就農などしないだろう。昨年の12月議会でも指摘したが、千葉県が示した「新たに農業経営を営もうとする青年等の所得目標」は一人当たり270万円程度であり、このような全国の平均年収にも満たない所得で若者の就農を期待すること自体困難である。新規就農者に対する「資金支援」は、国が実施する就農準備資金と経営開始資金の事であるが、毎年150万円ずつで最長5年間しかもらえない。さらに、農産物の輸出促進は知事の手腕に期待するが、本来は輸出用の商品作物の生産を増やすまえに、まずは自国民・県民が消費する主要作物の農家が「稼ぐ」必要に迫られなくても安定的な所得が得られるように保護すべきである。

かつて新潟県は、主食用米や（米粉などの）非主食用米の水田経営者に対して他産業並の所得を保障するモデル事業を実施したと聞く。こうした事業成果を参考にし、千葉県も県独自の所得保障政策を実施し、農家の抜本的な支援に取り組むべきではないか。

本誌副編集長　小野耕資

2月1日、日米合同委員会廃止に向けた抗議街宣活動が行われた。その模様は別記事にて報告する。日本に限らず、米軍基地がおかれている国にはどこでも地位協定がある。しかし日米地位協定ほど対米従属的な内容を持つ地位協定は、ほかに存在しない。なぜなら、日米地位協定は占領体制の継続として制定されたからだ。即ち、日米地位協定と、その運営について話し合う日米合同委員会が抜本的に変えられない限り、わが国は真の独立を果たしていないのだ。

日米合同委員会は、日本側は外務省北米局長を代表とした各省の官僚で、米国側は在日米軍司令部となっており、双方の合意がない限り議事は公開されないこととなっている。これにより、重要な政策を日米合同委員会で決めているのではないかという疑惑が絶えない。実際多くの密約が結ばれていることは明らかになっている。つまり官僚が米軍の御用聞きとなり、重要な政策をそこで決めてしまうことで、国会は法律を決めているかのような儀式を行うだけの場と化し、政治は完全に空転していることが明らかなのである。

こうした隠然たる米国占領体制は、必ずしも米国の国益のみで戦後80年近い現在も続いているわけではない。自民党と官僚、この二者が米国の意向を聞くことで権力の座に与り続けるという対米従属利得者となり続けたため、この体制は今に至るまで維持されたのだ。まさに属国。東京大空襲を指揮したカーチス・ルメイやマイクロソフトのビル・ゲイツに旭日大綬章を授与するおかしな決定をする国が戦後日本なのだ。

既に本誌の読者には言うまでもないことかもしれないが、自民党は、自由党と日本民主党という反共以外で思想的にも人脈的にもまるで相いれなかった二つの政党が、アメリカの圧力とCIAマネーにより結びついてできた政党だ。すなわち自民党の結党史自体が対米従属の象徴であり、自民党が存在し続ける限り対米自立は果たされない。このような自民党が「保守」面をし続けたことこそが戦後日本の悲劇なのだ。

かといって野党側も、社会党や共産党もソ連や中共の支援により成り立った政党であり、彼らは野党第一党として自民党を批判こそするが、決して対米従属の根本体制には手を付けないことで存続を許されてきた。すなわち与党も野党も外国勢力とつながった売国奴であったというのが、戦後政治の真実である。このような戦後日本に政治など存在するはずがない。

そして、こうした現代日本の無政治状態を暗に支持してきたマスコミ関係者の存在も見過ごすことができない。本年1月に櫻井よしこ氏がXで「若者に問う！君は祖国のために戦えるか?」と投稿し、炎上した。「自分は前線に行かないくせに、若者に祖国のために戦えるか?と煽るな。お前が先頭切って戦争に行け」というコメントが殺到したのである。興味深いのは、別に櫻井氏が変わったわけではなく、氏は以前からこういったことを述べ続けてきた点である。むしろ戦争が起こったらまっさきに自分だけ逃げる心性が、公共心をなくした戦後日本人として非難の対象となってお り、櫻井氏はそうした言論の中心人物の一人であった。

この問い自体は改めて問う必要があるが、しかしなぜ今になってこの発言が炎上したのかと考えれば、やはりアメリカの意向を受けたウクライナがロシアと戦わされ、しかもアメリカは武器などの後方支援をするだけで戦場に立たなかったという不信感があるのではないだろうか。つまり、アメリカの尻馬に乗って戦争に行こうとしない若者を嘆いていたら、本当に中国と戦争させられ、しかもその時アメリカは武器を送り付けるばかりでまるで戦場に立たないという未来が、目の前に感じられる状況になってきた。それがパクスアメリカーナが退潮した現代世界情勢の現実なのである。

昨年から本年にかけて、ジャニーズ、吉本興業、自民党と私が批判してきた団体が次々と猛批判を浴び、実際にジャニーズはあっという間に解体されてしまった。ジャニーズと吉本興業は性加害で、自民党はカネの問題での批判であり、私が批判してきた理由とは違うので先見を誇るつもりはないが、いま急速にこれまで日本社会の主流にあった存在が批判にさらされる大変革期に突入している。このような時期に政治のない現代日本でよいのか。国民よ目覚めよ。

農業崩壊

今通常国会に食料・農業・農村基本法の改正案が提出される。本格的な改正は平成11年の制定以来、初めてとなる。改正案には「食料安全保障」の強化が盛り込まれてはいるが、遅きに失した感は否めない。

すでに日本の食料自給率は危機的状態に陥っており、有事の際には大量の餓死者が出ると予想されている。日本で最初に飢えるのは東京、大阪などの大都市圏だと鈴木宣弘氏は警告している。ここまで事態を悪化させた政府は、国民の生命をどう考えているのか。

このような危機に陥った原因はアメリカの戦略にもあるが、農業予算の増額を拒んできた財務省の責任は重い。

総予算に占める農林水産予算の割合は、昭和45年には約12％だったが、現在1・83％と10分の1の割合に減少している。いまこそ、「食料安全保障推進法」を成立させ、財務省の農水予算枠の縛りを打破する必要がある。

規制改革推進会議 農林ワーキング・グループ（当時）の大田弘子氏（左）と金丸恭文氏

一方、政府はグローバル種子企業などの要望に応える形で、種子法の廃止や種苗法の改正を強行するだけではなく、世界に逆行してグリホサートの残留基準値など食の安全基準を緩めてきた。ゲノム編集食品も日本では野放しになっており、日本の小学生がその実験台になっている。グローバリストたちは、水田のメタンと牛のゲップが地球温暖化の主犯だとして、コオロギを食べろなどと言い始めている。

規制改革推進会議などの諮問会議を舞台に、グローバリストの要望に沿った制度改革を主導し、この惨状を招いた諮問会議委員の責任も改めて追及すべきではないか。

こうした中で、学校給食の有機化に取り組む自治体が増えていることが救いだ。千葉県いすみ市は学校給食に地元産の有機米を採用した。千葉県議会議員を務める折本龍則（本誌発行人）は、いま浦安市での有機給食導入を目指して動いている。

稲作を中心とする農業は日本文化の根幹であり、我々のアイデンティティそのものである。いまこそ農政を国民の手に取り戻し、崩壊した日本の農業を立て直さなければならない。

最初に飢えるのは東京・大阪

東京大学大学院農学生命科学研究科教授
鈴木宣弘

米国の余剰小麦を日本人の胃袋にねじ込む

現在、日本の食料自給率は危機的な状況にあります。食料自給率が低下した原因の一つは、アメリカとの関係です。戦後まもなく、アメリカでは膨大な余剰農産物をどう処理するかが問題となりました。そこで、日本人に食べてもらおうということになったのです。つまり、日本がアメリカの余剰農産物の最終処分場になったということです。そのため、米国産農産物の関税撤廃が強行され、アメリカの安い農産物が入ってきました。その結果、日本の麦、大豆、小麦などが壊滅したのです。

アメリカの余剰小麦を日本人の胃袋にねじ込むため、アメリカは日本人がコメを食べなくなるように洗脳したのです。アメリカは学者を動員し、「コメを食べるとバカになる」と主張させました。例えば、慶応義塾大学医学部教授の林髞《たかし》氏は１９５８年に『頭脳』という本を刊行し、「日本人が欧米人に劣るのは、主食のコメが原因である」と説きました。

一方、日本側にもそうしたアメリカの政策を利用しようとした人たちがいました。例えば、経済産業省は日本の食料、農業を犠牲にしてアメリカに利益を与え、アメリカの工業製品に対する関税撤廃を進め、自動車などの工業製品の輸出を拡大しようとしたのです。

日本の農業が壊滅したもう一つの原因は、大蔵省（財務省）です。彼らは財政支出を削減するために農業予算を抑制してきたのです。１９７０年の時点では、農水省の予算は約1兆円ありました。当時の防衛省（防衛庁）の予算の2倍近くあったのです。ところが、それから50年以上経って、農水省の予算はわずか2兆円ちょっとです。これに対して、防衛予算は10兆円規模にまで拡大しました。

軍事、食料、エネルギーは国家存立の三本柱と言われていますが、その中でも一番の要は食料です。ところが、財務省はその予算をどんどん削ってきたのです。

追い打ちをかける「クワトロ・ショック」

日本の食料自給率が危機的な状況に陥る中で、それに追い打ちをかけるように、4つのショックが重なりました。①コロナ禍での物流停滞、②中国による食料の爆買い、③異常気象による食料生産の不安定化、④ウクライナ戦争による食料・生産資材の供給事情の悪化――です。私は、この4つのショックを「クワトロ・ショック」と呼んでいます。

ウクライナとロシアの戦争によって、すでにロシアやベラルーシは「敵に対しては食料・資材を戦略的に輸出しない」と言い始めています。また、世界有数の穀倉地帯であるウクライナは耕地を破壊され、播種も十分できず、さらに海上封鎖されたことにより、出したくても出せない状況にあります。

餌の価格は2倍近くに上がり、日本の畜産、酪農は崩壊の危機に直面しています。しかも、日本は化学肥料の原料をほぼ１００％輸入に頼っています。特に化学肥料原料のリン、カリウムが１００％、尿素の96％が輸入に依存しています。その調達も中国の輸出抑制で困難になりつつあった矢先に、中国と並んで生産量の大きいロシアとベラルーシが輸出してくれなくなりました。高くて買えないどころか、すでに製造中止の配合肥料も出てきており、今後の国内農家への肥料供給の見通しが立たなくなってきています。

また、インドは自国民の食料確保のためにコメの輸出規制を行いました。インドのように輸出規制をする国は30カ国に及んでいます。

有事の時だけ食料増産を命令

中国の穀物輸入量の急増によって、日本の食料確保はさらに困難になっています。例えば、２０１６年に

250万トン足らずだった中国のトウモロコシの輸入量は一時3000万トン近くまで増えました。大豆については、中国は毎年1億トンレベルを輸入しています。日本は大豆の94%を輸入に頼っていますが、日本の輸入量はわずか300万トンです。

しかも、中国は現在、戦争に備えて14億人の人口が1年半食べられるだけの穀物を備蓄することを目指し、国内生産を増やすだけではなく、世界中の穀物を買い占め始めています。日本の穀物備蓄は、せいぜい2ヶ月分しかありません。このような状況で、いざという時に国民の命を守れるのでしょうか。

日本は1200万トン以上もコメを生産できるにもかかわらず、減反を進め、現在700万トンぐらいしか生産していません。どんどんコメを生産し、国がそれを買い取って備蓄すればいいのです。ところが、政府はアメリカから何十兆円もする高額な兵器を買うカネがあるのに、カネがないと言っています。

日本はアメリカに叩き込まれた市場原理主義を信奉し、規制撤廃、貿易自由化を進めればみんな幸せになると主張してきましたが、アメリカや一部の企業が儲けただけで、国民は苦しくなっています。にもかかわらず、いまだに市場原理主義を払拭できず、もっと自由化を進め、調達先を増やせば食料を確保できるなどと主張しています。

農林水産省が食料・農業・農村基本法改正案と併せて今国会に提出する食料供給困難事態対策法案(仮称)は、有事の際に、政府が食料の供給目標を設定し、農家に増産計画の届け出を指示できるとし、従わない場合は20万円以下の罰金を科すとしています。平時には輸入に依存し、国内の食料増産を促す努力をせず、有事の時だけ増産を命令すると言っているのです。こんな都合のいい話はありません。

少々コストが高くても、国内の農業、千葉県の農業をみんなで支えることこそが自分たちの命を守ることになると考えれば、日本人が飢餓に苦しむような事態は避けられるはずです。

米国ラトガース大学の研究者が発表した試算によると、日本人全体の6割に当たる7200万人が餓死するという衝撃的な試算も出ています。局地的な核戦争が勃発した場合、直接的な被爆による死者は2700万人ですが、「核の冬」による食料生産の減少と物流停止によって2年後には世界全体で2億5500万人の餓死者が出て、そのうち3割は、食料自給率の低い日本に集中し、7200万人が餓死するという試算です。

日本の食料自給率は38％と言われていますが、実質的には1割を切るような状況になってきています。不測の事態が発生すれば、国民の命は守れません。これでも独立国と言えるのですか。

アメリカの逆鱗に触れた中川昭一氏の構想

ただし、食料自給率は地域によってかなり異なります。北海道は223％あります。これに対して、東京は0％、大阪は1％、神奈川は3％です。私が書いた『世界で最初に飢えるのは日本』は非常に衝撃を与えましたが、では日本で最初に飢えるのはどこでしょうか。東京、大阪、神奈川、そして浦安のような千葉の都市部になるでしょう。

千葉県には茂原市、一宮町や房総半島の辺りなど有数の農業地帯があります。そうした地域の農業生産が減少し、食料危機が起きれば、浦安には食料が入らなくなります。

戦後の食糧難の時代には、着物を抱えて農家に行き、「食料を分けてください」と頼んで回ったのです。我々は、誰のおかげで自分たちの命が繋がっているのかを改めて考える必要があると思います。

西日本で食料自給率トップである佐賀県の知事が、都道府県の食料自給率を考慮して衆議院小選挙区の定数を配分したらどうなるかという問題提起をしています。食料自給率を考慮すると、食料自給率0の東京都は30から1に減ります。大阪府は19から1に減ります。逆に食料自給率の高い北海道は12から59に、佐賀県は2から5に増えます。

国内農業生産を強化し、危機の際に国民の命を守れる体制を整えることが急務のはずなのに、過剰だから「価格は上げられない」「コメは作るな、搾るな（牛乳捨てろ）、牛を殺せ」と「セルフ兵糧攻め」のように国内生産基盤を削ぎ落しているのです。

政府は「コメが余っている」として、水田を畑か山にすれば、「手切金」だけ出してやるという政策を進

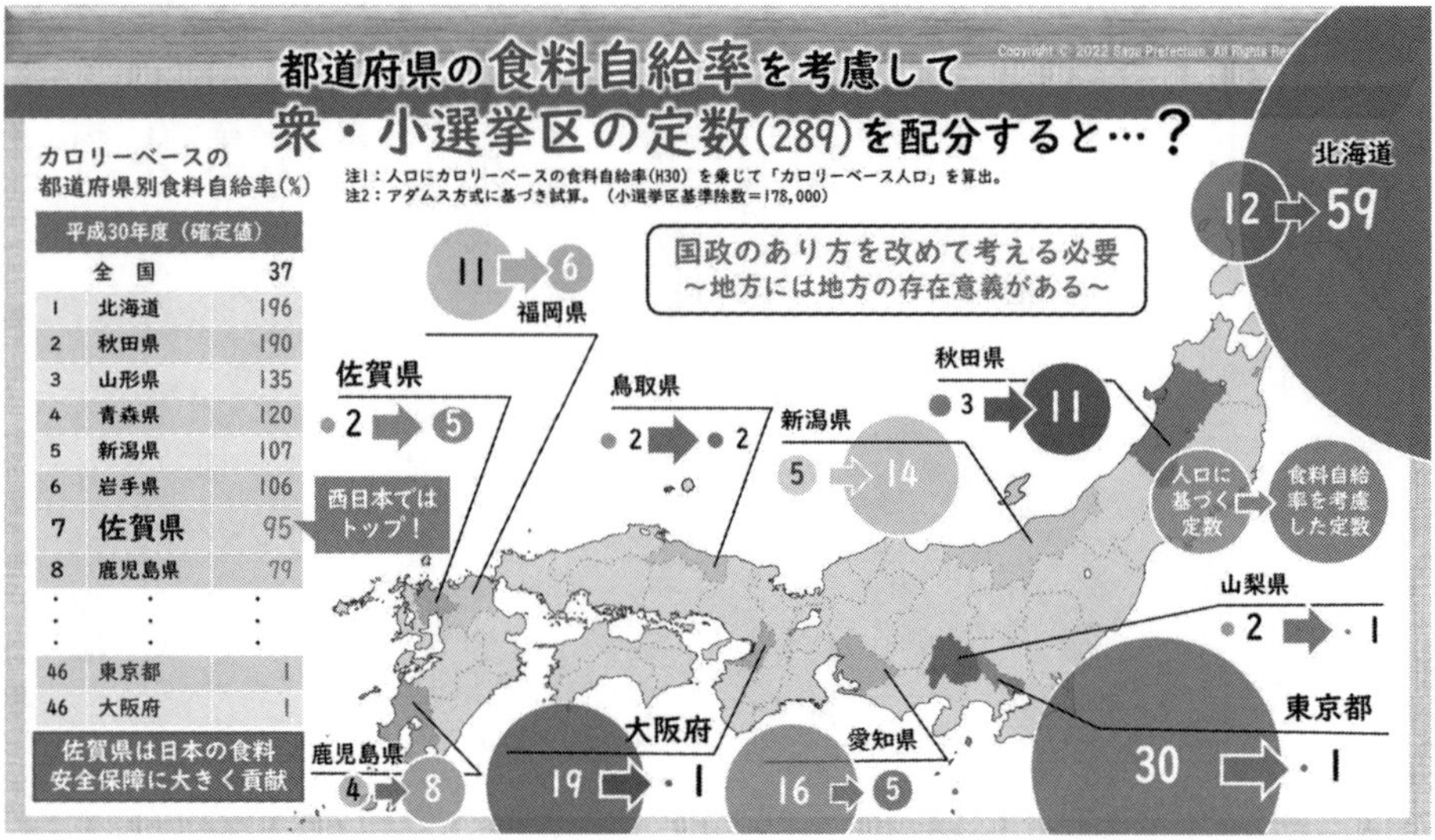

めてきました。しかし、水田を水田として維持することが安全保障として不可欠なのです。しかも、水田には洪水を防止する機能があり、さらに日本のコミュニティや伝統文化を維持する上でも重要な役割を果たしてきました。

酪農家たちは、国から「バターが足りない」として増産を求められ、借金をして増産に応じました。すると、今度は「牛を処分してくれ」と言われたのです。象徴的なのは、牛を処分したら15万円支給するという制度です。

２階に上げておいて、梯子を外すに等しい行為です。借金だけが残り、酪農家は立ち行かなくなりました。現在は牛乳１キロ絞るごとに30円の赤字が出る状況です。千葉県でも多くの酪農家さんが自ら命を絶っています。北海道でも熊本でも同じ状況です。

千葉県の酪農家金谷雅史さんは、２０２２年11月30日に農水省前で次のように訴えています。

「毎日、毎日、増え続ける借金を重ねながら３６５日休みなく牛乳を搾っています。いつか乳価が上がるだろうと淡い期待を持っていますが、希望が持てません。国の政策に乗って、借金をして頭数を増やしたけど、借金が大きすぎて酪農やめて返済できる金額ではありません。来年の3月までに、9割の酪農家が消えてしまうかもしれません。牛乳が飲めなくなります。酪農が壊滅すれば、牧場の従業員も、獣医さん、エサ屋さん、機械屋さん、ヘルパーさん、農協、県酪連、指定団体、クーラーステーション職員、集乳ドライバー、牛の薬屋さん、牛の種屋さん、削蹄師さん、検査員、乳業メーカー、みんな仕事を失います。みなさんにお詫びします」

近い将来、再び増産を求められても、すぐには対応できません。牛を育てて牛乳が搾れるようになるには、3年近くかかるからです。

コメや生乳は過剰なのではなく、買いたくても買えない人が増えているだけです。だから、減産でなく、増産をして、輸入から国産に置き換える需要創出こそが必要なのです。国内生産を増やし、国の責任で買い取り、子供食堂やフードバンクなどを通じて供給すればいいのです。また、世界の困っている人たちの援助に活用すればいいのです。そのようにして需要を創出すれば、生産者も助かります。

日本がこうした政策をとらない理由の一つは、2006年に農水大臣を務めていた中川昭一氏が周囲の反対を押し切り、余剰生乳を加工した脱脂粉乳の在庫を援助に使おうとしたところ、「アメリカの市場が奪われる」としてアメリカの逆鱗に触れたことです。以来、政治家たちは震えあがってしまい、日本による食料援助を口に出さなくなっていました。

政治家たちが、日本の農業が潰れようが、日本国民が餓死しようが、自分の保身の方が先決だと考えているとすれば、それは違うのではないでしょうか。

自国の農業を徹底的に保護するアメリカ

アメリカは自国の農業を徹底的に保護しています。アメリカ政府は、農家がコメを1俵4000円で売っても1万2000円との差額の100%を補填しています。穀物の補填額だけで1兆円規模になる年もあるほど、農家への所得補填は充実しているのです。

しかもアメリカは、徹底した消費者支援策を講じています。アメリカの農業予算約1000億ドルのうち、

64％をＳＮＡＰという消費者の食料購入支援が占めています。日本には、こうした消費者支援予算は全くありません。それどころか、財務省は農業予算を削減することばかりを考えているのです。

こうした中で、日本の農業は危機的な状況に陥っています。肥料、飼料、燃料などの生産資材コストは急騰しているのに、国産の農産物価格は低いままで、農家の倒産が激増しています。

日本の農業はここまで追い詰められているのに、我慢強く耐えています。もう少し怒ってもいい状況だと思います。世界各国では農家の怒りが爆発しています。例えば、スペインでは農民は燃料価格の上昇に抗議して高速道路を封鎖しました。マドリッドでは、インフレ、価格ダンピング、農村の放置に抗議して10万人から15万人の規模のデモが起きています。

オランダでは、農家と市民の怒りが爆発する中で、新党「農民・市民・ムーブメント党」が２０２３年３月の上院議員選挙で、75議席中15議席を占めて第一党になりました。キリスト教民主党とルッテ首相の率いる自由民主党が敗北したのです。

コオロギを食べさせられる徳島県の高校生

こうした中で、突如、地球温暖化の主犯が水田のメタンと牛のゲップだという議論が起こり、農業や畜産自体を悪者にするよう考え方が広がりつつあります。あまりに短絡的な議論だと思います。水田は１０００年も前からありますし、牛はずっと前からゲップをしていました。

さらに、温室効果ガスの発生が少ないコオロギを食べろと言い始めました。河野太郎先生はコオロギを食べるパフォーマンスまでやっています。そして、人工肉とバイオ肉に切り替えれば、温室効果ガスの発生を抑えられると。結局、一部の企業が儲かるだけの話です。

では、コオロギは安全なのでしょうか。人類が昔からイナゴは食べてきたのに、コオロギは食べてこなかったのは、理由があるからです。コオロギは、漢方薬では堕胎薬や避妊薬にも使われているのです。ところが、徳島県のある高校では、乾燥コオロギの粉末を調理して給食に出しているのです。こんなことをやっていいのですか。

日本政府は、食料安全保障をまともに考えることもなく、アメリカの兵器の在庫処分のために兵器を購入し続けています。佐賀では広大な農地を潰して、オスプレイ配備のための基地を建設しています。いざという時に、輸出規制などが強化されたら、日本人は何を食べるのですか。オスプレイとトマホークとコオロギをかじって、何日生き延びられるのですか。国家戦略において重要なのは食料だということから考えなければいけないと思います。

ゲノム食品の実験台になる日本の子供たち

１９９３年のウルグアイ・ラウンド合意の「関税化」と併せて、輸入量が消費量の３％に達していない国は、消費量の３％をミニマム・アクセスとして設定して、それを５％まで増やす約束をしました。しかし、実際には、せいぜい1~2％程度しか輸入されていません。ミニマム・アクセスは日本が言うような「最低輸入義務」ではないのです。

ところが、日本はコメの77万トンの輸入を履行し続けています。それは、米国との密約があり、「日本は必ず枠を満たすこと、かつ、コメ36万トンは米国から買うこと」を命令されているからです。

命を守り、環境を守り、国土・国境を守っている産業を国民みんなで支えることは、欧米では常識です。日本の農業所得に占める補助金の割合はせいぜい３割ですが、フランスはほぼ１００％です。

フランスは農業を守るために、公共施設で20％以上、有機農産物を利用することを法律で義務付けています。農家の平均年齢は、フランスは51歳ですが、我が国はなんと68・４歳です。

食の安全でも世界各国はグローバル種子企業を野放しにすることなく、規制を維持しています。ところが、日本だけはグローバル種子企業の要望通りに規制を緩和してきました。

近年、日本政府はグローバル種子企業への「便宜供与」を連発してきました。

①種子法廃止（公共の種はやめてもらう）、②種の譲渡（開発した種は企業がもらう）、③種の無断自家採種の禁止（企業の種を買わないと生産できないように）、④遺伝子組み換えでない（non-GM）表示の実

質禁止（2023年4月1日から）、⑤全農の株式会社化（日米合同委員会で指令、non-GM 穀物の分別輸入は目障りだから買収）、⑥GMとセットの除草剤の輸入穀物残留基準値の大幅緩和（日本人の命の基準は米国の使用量で決まる）、⑦ゲノム編集の完全な野放し（勝手にやって表示も必要なし、日本人は実験台、2019年10月1日から）、⑧農産物検査規則の改定（未検査米にも産地・品種・産年の表示を認めて流通を促進、2021年7月）――です。

まさに日本は彼らにとっての「最大の標的（ラスト・リゾート）」なのです。

さらに、世界的に除草剤成分のグリホサートへの規制が強まっている中で、日本はそれに逆行し、グリホサートの残留基準値を極端に緩和してきました。小麦では6倍、そばでは150倍です。

一方、ゲノム編集は予期せぬ遺伝子損傷（染色体破砕）が世界の学会誌に報告されています。しかし、日本では野放しになっていて、日本の消費者は何もわからないままゲノム食品の実験台になっているのです。

血圧抑えるGABAの含有量を高めたゲノムトマトを障がい児福祉施設や小学校に無償配布して広めようとしているのです。まさに、子供たちが実験台になっているのです。

浦安市でも有機給食の実現を

先ほど述べたように、戦後の日本の食生活形成にはアメリカの意思が大きく関与していました。米国の余剰農産物を日本で処分する占領政策・洗脳政策は、学校給食を通じた米国小麦のパン食普及の形で子供たちをターゲットとして推進されました。そして、その利益はアメリカのグローバル穀物商社に還元されました。

そして、今ゲノム編集に対する消費者の不安を和らげ、スムーズに浸透させるため、小学校へのゲノムトマトの無償配布が行われています。最終的に、その利益は特許を持つ米国のグローバル種子農薬企業に還元されるのです。つまり、占領政策・洗脳政策は形を変えつつも、同じように続いているということです。

ここから、逆に示唆されることは、アメリカの思惑から子供たちを守り、国民の未来を守る鍵は、地元の安全・安心な農産物を、学校給食を通じてしっかり提供する活動・政策を強化すべきだということです。

例えば、千葉県いすみ市は1俵2・4万円、京都府亀岡市は4・8万円で有機米を市が買い取っています。こうした動きが出てくれれば、子供たちも守れるし、有機農業などで頑張る生産者にも大きな需要確保になります。

明石市では、泉房穂前市長が給食無償など子供を守る政策を打ち出した結果、明石市の人口増加率は9年連続で第1位となり、町は賑わい、税収も上がりました。つまり、子供を守る政策を強化することによる波及効果は絶大だということです。また、世田谷区は2023年10月に、区立小中学校の給食に有機米のご飯を提供することを決めました。

千葉県には有数のコメ産地があるので、是非浦安市はそうした産地と連携して有機給食を実現していただきたいと思います。

今こそ、「食料安全保障推進法」を議員立法で制定し、財務省の農水予算枠の縛りを打破し、数兆円規模の予算措置を農林水産業に発動すべきです。超党派の議員連盟「協同組合振興研究議員連盟」の協力を得て、法案の準備も開始されました。この動きを是非後押ししていただきたい。

食料危機は深刻化してきていますが、この日本に、そして千葉県に一次産業があり、農家の皆さんが頑張ってくれています。これが希望の光であり、未来を作ることになるという思いが広まってきています。しかも、日本には、江戸時代に世界に冠たる循環農業で世界をリードしていたという実績もあります。その底力をもう一度発揮しましょう。

そのためにも、自治体の政治、行政がしっかり動くことが非常に重要です。折本龍則県議に期待しています。

＊本稿は1月6日に開催された折本龍則県政報告会での鈴木宣弘教授の講演内容を抜粋・再編したものである。

食料安保に予算をつぎ込め

衆議院議員　篠原　孝

ヒト・モノ・カネをなるべく近くの地域間で循環させるべきだ

――篠原さんは最近『持続する日本型農業』（創森社）を出版しました。帯にも書かれている「自然循環に根ざし生産力を引き出す」は、篠原さんの一貫した主張です。今から40年ほど前の1985年には『農的小日本主義の勧め』を上梓しています。

篠原　すでに当時から、日本社会の経済成長一点張りに、おぼろげながら疑問を感じはじめていたのです。地域循環社会を構想する中で、その地で生産したものをその地で消費するのが最も理に適った生き方ではないかと確信し、「地産地消」という四字熟語を使い始めたのです。いまや「地産地消」という言葉は、農業や食生活以外の様々な分野でも使われるようになり、直売所があちこちに置かれるようになっています。

同時に私は、縮小社会も視野に入れて将来設計をしていかなければならないと考えるようになりました。資源は枯渇しつつあり、環境上の制約もあって、もはや成長路線を続けることはできなくなっているからです。国内では農産物の輸出が叫ばれていますが、縮小社会では食料の貿易量は減らさなければならないのです。国民が必要とする物は、なるべく自国で作るのが自然なのです。物の移動によるCO_2の無駄な排出を抑えるためにも、グッズマイレージ（物の移動距離×トン数）は小さい方が環境に優しいのです。実際、世界は農場と食卓の距離を短くする方向に動き始めています。ヒト、モノ、カネを世界でグルグル回しにするのではなく、なるべく近くの地域間で循環するようにすべきです。

日本では未だに経済成長が叫ばれていますが、成長や拡大の果ての破綻を救う道は、縮小しか残されていないのかもしれません。縮小社会の考え方は、ケネス・ボールディングの『来たるべき宇宙船地球号の経済学』（1966年）、『成長の限界』（ローマクラブ、1972年）以来、世界中で提唱されてきました。

私は、縮小社会の根幹はすでに江戸時代に見られたと考えています。江戸末期から明治にかけて日本に来た外国人たちは、江戸の循環社会のすばらしさに驚いていました。

彼らが残した紀行文や日記には、江戸時代の日本のすばらしさが記されており、そのことは渡辺京二の名著『逝きし世の面影』でも紹介されています。

ただ、私が『農的小日本主義の勧め』を書いた頃は、なかなかそれを理解してくれる人はいませんでした。『正義と嫉妬の経済学』で知られる当代の人気教授、竹内靖雄氏から、『日本経済新聞』の「今月の経済論壇」（1985年11月）において、「錯乱状態でとても支持されない」とこき下ろされました。

そんな中で、私が2015年秋に「縮小社会研究会」に招かれて講演を務めたのは、縮小社会が『農的小日本主義の勧め』に通ずるからです。この研究会は、2008年に松久寛京都大学名誉教授を代表に、京大の博士の皆さんが中心となって結成されました。

私が有機農業に目覚めた理由

――有機農業に目覚めたきっかけは何ですか。

篠原　私が環境保全に目覚めたのは、故郷の自然が破壊されたことへの怒りからです。私は長野県中野市で生まれました。日本のふるさとのメロディを作った中山晋平、ふるさとの情景を詩にした高野辰之がともに中野市出身であることに、私は誇りを感じています。

北信州は今も美しいことに変わりはありませんが、今から50～60年前の北信州は色彩がもっと美しかった。春は山麓に黄色の菜の花が目立ち、田んぼは水田酪農の粗飼料用のれんげのピンクで埋まりました。山々の緑、青い空と白い雲とまぶしいほどの強烈な色が競い合っていました。蛍があちこちで飛び交い、メダカがそこら中にいて、水田に水を張る頃は魚がいっぱいいました。田植えの前に、一面に張った水を流し去る時の楽しみは、ざるでドジョウをとることでした。

ところが、農薬や除草剤が使われ始めてから、メダカもドジョウもいなくなってしまいました。故郷の豊かな自然が破壊されたのです。私はこれではいけないという思いから環境保全論者になり、有機農業の推進派となりました。

昔は、花粉症も発達障害も現在ほど多くはありませんでした。明らかに大気や水の汚染といった自然環境の悪化や食品添加物が影響していると考えていいと思います。我々の健康に様々な異変が起きているのです。いまや4・7組に1組は不妊だと言われています。精子も卵子もダメージを受けているということでしょう。

私が有機農業に目覚めたのは、1973年に「使い捨て時代を考える会」を設立した物理学者の槌田劭さんの影響もあります。槌田さんは『工業社会の崩壊』（1979年）、『共生の時代 使い捨て時代を超えて』（1981年）、『破滅にいたる工業的くらし』（1983年）などの著作を発表し、有機農業の重要性を唱えました。

私自身が2000年に『農的循環社会の道』を上梓したときは「何を言っているのだ」というふうに受け取られましたが、編集者は「今の時代にはぴったりだ」として、復刻したいと言ってくれるのです。

――有機農業の先駆者である金子美登さんとは長い親交があったのですね。

篠原　私は1973年に農林省（現農林水産省）に入省、2003年に退官するまで役人をしていましたが、1982年に初の論文「21世紀は日本型農業で」を書いたのをきっかけに、有機農業の会合に呼ばれるようになりました。金子さんの農場を初めて訪れたのはそ

金子美登さん（左）と妻の友子さん

の頃です。金子さんとの付き合いは、彼が２０２２年9月24日に亡くなるまで、40年余り続きました。

金子さんは、１９７１年以来、埼玉県比企郡小川町でずっと有機農業を続け、集落全体にそれを広げました。そして、種類や注文と無関係にできた有機農産物を定期的に消費者に届ける「提携」の仕組みを定着させました。こうした功績が高く評価され、２０１０年に金子さんと友子夫人は農林水産祭むらづくり部門天皇杯を受賞したのです。

当初、金子さんの有機農業は近所の農家になかなか受け入れられず、金子さんは村人から変人扱いされていました。１９９2年に、農水省に有機農業対策室が設置され、有機農業はそれなりの市民権は得ましたが、近隣農家の支持はなかなか得られなかったのです。ようやく近隣農家が金子さんの有機農業を学ぼうという姿勢に変わったのは、金子さんの就農から30年後の２００1年のことでした。そして、大豆から始まった有機農業の対象も、２００3年に麦、２００6年にはコメにまで広がりました。

農水省は有機農業になど見向きもしなかったのですが、２０２1年に突然「みどりの食料システム戦略」を打ち出し、２０５０年までに、有機農地を１００万《ヘクタール》（総耕地面積の4分の1）にする目標を立てました。

農業を愛した作家たち

――篠原さんは、農業に思いを馳せ、「農業が大事だ」と言ってくれる人たちを、「親農派三態」と呼んでいます。

篠原　三態の一つは、エントロピー学派と呼ばれる、自然の法則、つまり「地球の歴史」から見る人たちです。彼らは、自然環境・国土資源の維持保全の観点から、国内の農業を振興すべきだと応援してくれました。槌田敦、槌田劭、室田武、玉野井芳郎といった人たちです。

二番目は、「国家・民族の歴史」に注目する学者です。彼らは、国家存続のためにも、文明の維持のためにも農業が大切だと主張しました。木村尚三郎、梅棹忠夫、高坂正堯といった人たちです。

そして三番目は、農業を愛した作家たちです。その筆頭に挙げられるのが、野坂昭如、井上ひさしの二人です。野坂は典型的な戦中派で、食料難に苦しんだ世代です。戦時中、彼は疎開先で1歳の義理の妹を飢えで亡くし、少年院暮らしも経験しています。埼玉に住みついてからは、自ら田んぼを耕していました。自身の戦争体験を題材とした作品「火垂るの墓」は大ヒットし、アニメ、映画にもなりました。野坂は数少ない、農を語れる文化人であり、かけがえのない人でした。その他に、深沢七郎、立松和平、倉本聰といった名前を挙げることができるでしょう。いずれも経済合理性だけに引っ張られない、高い見識を持つ人たちです。

農業、食料安保に予算をつぎ込め

――日本の農業を守るために必要な政策は何ですか。

篠原　農業に従事する人材を確保することにつきます。若い人が、自分が生まれた土地で安心して農業できるような環境を整える必要があります。ところが、後継者が重要だと言いつつ、後継者を対象とした有効な施策はあまりとられてきませんでした。こうした中で、民主党政権は新たに「青年就農給付金」事業を設け、毎年最大150万円を5年間給付することにしました。政権が交代した後も、この事業は「農業次世代人材投資事業」と名前を変えて存続しています。

若い人が生まれた土地に留まらなければ、地方は維持できません。若い人たちが、地方に留まるためには、生活に不便を感じないようにする必要があります。幸いリモートで仕事ができるようになっています。アメリカでは、リモートワークの普及によって、大都市にいなくても仕事ができるようになった結果、地方に家を作る人が増えています。

――第二次安倍政権以来、新自由主義的な思想に基

づいた農業改革が加速しました。この流れは岸田政権になってから止まったのでしょうか。

篠原　止まっています。第二次安倍政権では、規制改革推進会議、国家戦略特区諮問会議などの主導により規制改革が推進されました。そして、菅政権になってそれに拍車がかかりました。竹中平蔵、高橋洋一、原英史、岸博幸といった人たちが諮問会議を舞台に規制改革を推し進めてきましたが、岸田政権が「新しい資本主義」を掲げてから流れは変わっています。

――農業基本法の改正案では食料安全保障が強調されています。

篠原　それは当然の流れです。農水省は以前から食料安全保障の考え方を持ち、食料自給率の向上に取り組もうとしてきましたが、肝心の農業予算が削られてきたのです。

防衛費や少子化対策費も必要ですが、農業、食料安保にもっと予算を注ぎ込むべきです。

1970年には、総予算に占める農林水産予算の割合は11・54％でしたが、2022年には1・83％と10分の1の割合に減ってしまいました。農林水産予算は1970年と比べて2・3倍にしか増えていません。これに対して、防衛予算は11・9倍、厚労関係予算は27・2倍に増えています。

鈴木善幸内閣時代の1981年に、国費のムダ、行政のムダを省くために「第二臨調」が設けられ、経団連会長の土光敏夫が議長に就き、農業は過保護だと主張しました。それ以来、経団連や経済同友会が競って農政提言を乱発し、農業は過保護だとの考え方が広まり、農業予算を削れという主張が強まったのです。私は当時、農水省の大臣官房企画室でその反論を書き、それぞれの担当のところへ出向いて議論をしたものです。

農業が他の先進国と比べて過保護だというのも、農業予算が財政の健全化を妨げているというのも、「フェイク」でした。しかし、当時はそれに異を唱えることは許されないという雰囲気がありました。これに対してヨーロッパ諸国やアメリカは自国の農業を守るために予算を割いてきました。スイスでは2017年に、国民投票によって食料安全保障を憲法に書き込むことを決定しています。

農業問題、食料問題こそ、安全保障問題なのです。かつて日本にはそれがわかっていた政治家が多くいました。中川一郎（農水相）、渡辺美智雄（農水相）、玉沢徳一郎（農水相、防衛庁長官）、江藤隆美、浜田幸一といった人たちは、いずれも農林族であると同時に防衛族でした。タカ派の青嵐会の大半も農林族でした。ところが今や、そうした系統は、自民党では農林相と防衛相を歴任した石破茂氏くらいのものです。現在は、多くの保守派が、軍事的な安全保障を強調する一方、食料安全保障を軽視しているように見えます。

地方の声を代弁する政治家がいない

――なぜ農林族議員が少なくなってしまったのでしょうか。

篠原　これは選挙制度の問題と密接にかかわっています。私はこのまま人口比で定数是正を進めていくと、人口の集中する大都市の人たちの思いのままに日本が造り変えられてしまうのではないかと危惧してきました。私が政界に入った頃は、参議院の2人区は、長野県も含めて10区ありました。ところが、人口比で調整が行われたことから2人区が瞬く間に減り、今や茨城、静岡、京都、広島の4県のみになってしまいました。その一方で、北海道、千葉、埼玉、神奈川、愛知、東京、大阪、福岡など大都市部では定数が増えています。今回の衆議院の10増10減は、東京5増、神奈川2増、埼玉、千葉、愛知が1増と首都圏ばかりが増えています。つまり国会における都市部の支配が進展し、地方の声が反映されにくくなっているのです。

私はアメリカの上院を見習う必要があると思います。アメリカでは、下院は435議席で、2年ごとに人口比により選挙区が改正されますが、上院は50州が小さくとも大きくとも、平等に各州2人ずつで、2年ごとに3分の1ずつ改選されます。また、多くの先進国は都市部の支配にならないようにと地方への配慮をしていますが、我が国にはそうした仕組みが全くないのです。地方に非情な国だということです。選挙制度の在り方も、地方を守るという視点から考える必要があると思います。

（聞き手・構成　坪内隆彦）

稲作なくして国家存立なし

熊野飛鳥むすびの里代表　荒谷　卓

グローバリストによる国家主権の剥奪

―― グローバリゼーションの流れが強まる中で、農業の価値をどのように考えるべきでしょうか。

荒谷　グローバリゼーションは現在、最終段階にきていると考えています。世界保健機関（WHO）は5月の総会でパンデミック条約と国際保健規則（HIR）の採択を目指していますが、加盟国の政府の判断がWHOの勧告に拘束され、保健政策に関する国家主権の侵害をもたらす可能性があると懸念されています。

まさにこうした動きは、惨事に付け込んで一気に政策転換を図るというショック・ドクトリン（惨事便乗型資本主義）の典型だと思います。

グローバリストたちは、今回のコロナ禍ではワクチンの接種義務化などが中途半端な形で終わったという認識を持っているのでしょう。そこで彼らは、パンデミック条約と国際保険規則の改定により、次にパンデミックが発生した際に、ワクチンの接種義務化のほか、ワクチンパスポート、ロックダウン、情報の検閲、言論統制などをWHOの権限でできるようにしようと目論んでいるようです。

また、今年の世界経済フォーラムの年次総会（ダボス会議）では、国際金融システムに対するサイバー攻撃のリスクが高まる中で、サイバー攻撃のリスクが高いと認定した段階で、世界中の政府と中央銀行に対して全ての金融資産あるいは経済活動に対して強制力を働かせて、銀行業務を停止させるなどの権限を与えるべきだという提案が出されました。これは、国民の財産を管理下に置くものであり、国家主権剥奪の金融経済バージョンと言ってもいいと思います。こうした事態になれば、生命活動全てが成り立たなくなります。

明治以降の日本は、グローバリゼーションの仕組みを取り入れつつも、我が国の伝統と文化を堅持する方針を明確にし、大東亜戦争まではグローバリゼーションに立ち向かっていました。しかし、戦後は完全にグローバリストの軍門に下ってしまいました。ところが、ここに来て世界中の人々がグローバリゼーションは人類の歴史上、最も大きな過ちだったことに気がついたのです。

ですから、グローバリゼーションの最終形態が確立する前に、それを阻止しなければなりません。いま、そうした動きが世界各地で出現してきていると思います。

例えば、アメリカでは2016年にトランプ氏がグローバリゼーション反対を主張して大統領選挙に出馬し、実際に大統領になりました。一旦はその地位を追われましたが、今年の大統領選挙では、客観的に見て間違いなくトランプが勝つでしょう。万が一トランプ氏が選挙で負けるようなことになると、トランプ氏を支持する人たちは内戦をも辞さないという状況になっています。

また、ロシアのプーチン大統領はウクライナ戦争以前から明確に反グローバリズムの秩序を打ち出していました。プーチン大統領は「特定の国や特定のエリートが世界を管理するという考え方は根本的に間違っている」と主張しています。そして、そうした間違った世界を解体し、改めて伝統文化を基軸にした、それぞれの独立国家からなる世界を構築しようと提案していま す。このプーチン大統領の主張は、実は大東亜戦争当時、日本が主張していた考えとほぼ同じだと思います。しかし、残念ながら、日本はその志半ばで終戦を決断し、その主張を放棄せざるを得なかったわけです。今改めてプーチン大統領が世界レベルでそれを打ち出したのです。

ウクライナ戦争をめぐり、アメリカがロシアに対する経済制裁を強めたことによって、逆に世界の多くの国がアメリカから離れて、プーチン大統領の提案に賛同する動きを強めています。ＢＲＩＣｓも、中東の産油国もアメリカの軛から逃れ、プーチン大統領と組んで、ＳＷＩＦＴやペトロダラーシステム等のドル基軸体制から離脱しようとしています。ドル基軸体制が崩れるとともに、プーチン大統領の「核戦争も辞さない」という断固たる姿勢に遭遇した結果、アメリカはもう1つのパワーの源泉だった軍事力を持ってしても、自分の意思を実現できないという状況が露呈しました。

私は、今後グローバリゼーションの流れは弱まり、同時にアメリカのコミットメントも後退し、それぞれの国家の伝統と文化に基づく国際社会に移行していくだろうと見ています。ところが、残念ながら日本は崩れゆくグローバリゼーションの中から抜け出せない状況が続いています。

神話が示す日本の伝統文化

――日本が伝統文化を基軸とした独立国となる上で、農業はどのような役割を果たすのでしょうか。

荒谷　グローバリゼーション以後の国際社会について、プーチン大統領は「それぞれの国がそれぞれの国の伝統文化に基づいて自立する社会」だと述べています。また、イーロン・マスク氏は、国家というのは、その伝統文化というアイデンティティがあるからこそ国家と呼べるのだと発言しています。

私は、これからの社会において、国が国として成り立つには、それぞれの国が伝統文化に基づいたアイデンティティを明確に保有しているということが大前提になると思います。グローバリゼーションにおいては、それぞれのアイデンティティを破壊しなければ、新しいルールに移行できないので、意図的に国家の歴史を断絶しアイデンティティを抹殺してきたわけです。

これから我々は、改めて日本という国のアイデンティティの所在を明確に打ち立てなければ、国家として存続できないということです。そのアイデンティティは、これから発明するものではなくて、歴史、伝統文化に基づいたものでなくてはいけません。

では、日本の歴史、伝統文化とは何か。神話には、天照大神は、豊葦原中国が、高天原と同じように豊かになることを願い、自らの子孫に高天原の稲穂を授ける「斎庭《ゆにわ》の稲穂」の神勅を下したとあります。

古事記に出て来る「食国《おすくに》」というわが国の名称にしても、稲作をし、人々の生活と安定を保証するという日本の建国以来の国柄を示していると思います。

御歴代の天皇の中でも、第26代の継体天皇は、「故《かれ》、帝《すめらみこと》王《おう》躬《みづから》ら耕《たつく》りて、農業《なりはひ》を勧め、后妃《きさき》親《みづか》ら蠶《こがひ》して、桑序《くはのとき》を勉《すす》めたまふ」との詔勅を出されています。この詔勅は、男性は農業に従事し、女性は養蚕に従事し、農作物と衣服を自ら生産できる体制を作ることによって、国家の自立と人々の自立が実現できるということを示しているのだと思います。

我々がグローバリゼーションを良きものと考えてしまった理由は、海外に依存しても生きていけると思い込んでしまったからだと思います。生命活動に根本的に欠かせない「衣食住」でさえも、自分で生産しなくても生きていけると誤認してしまったのです。お金さえ持っていれば、自分で作らなくてもいつでも手に入れられると思い込んでいたのです。

自らが衣食住の生産主体にならなければ生きていけないということを、グローバリゼーションの失敗の中から学び取らなければなりません。つまり、日本という国家としてのアイデンティティを保全するという意味においても、国民一人ひとりが、自立、自活して主体的に生きていく基盤を作るという意味においても、おコメを自ら生産できる体制を確立することは非常に意味深いことになると思います。それは、グローバリゼーション以後の世界において、日本が存続していく際、最も中核たるテーマになると思います。

「農士」の精神とは

――荒谷さんが強調している「農士」の精神とはどのようなものですか。

荒谷　私は、集落としての生活拠点として熊野飛鳥むすびの里を開設しましたが、日本全体を考えた時に、それぞれが独立自治を確立できる集落を日本各地に建設し、それを天皇陛下がしろしめし、まとめていくという構想を抱いています。その際、それぞれの集落を運営していくために必要な理念と技能を備えた人材を、私は農士と呼んでいます。

農士は、単なるおコメの生産者でも、農業経営者でもなく、集落という一つの共同体が自立して生きてい

くことを実現できる人物です。稲作農業をやるだけでは、グローバル化した社会の分業体制の一端を担うことにしかならず、住むところ、着るものを自ら作り、医療の問題などを解決しなければ、自立は実現できません。

　農士とは、稲作をする農業主体であると同時に、多少の雨を凌げる程度の住居を自分で建て、養蚕によって衣服を作り、人間が生きていくために最小限必要な物事に関して一通りの知見を持ち、一定の体験を経た人物だと考えています。かつて「百姓」と呼ばれたように、農業だけではなく、あらゆる仕事をすることができる人材です。

　むすびの里は、田んぼもやり、畑もやり、林業もやり、大工もやり、自立に必要な様々な仕事を自ら行うことによって自律性を高めようとしています。設立から5年程度しか経ってないので、まだ完成形ではありませんが、かなり自立、自治に近づいてきています。むすびの里に当事者として参入してもらい、朝から晩まで同じ生活をしていただくことで、農士としての技能を身に着けてもらいます。日本人は昔から、技能を身につけることを「見習う」と言った通り、勉強するよりも、実地で体験することによって技能を身につけてきたのだと思います。

ご先祖様への感謝の念と自然に対する畏怖の念

　日本農士学校の検校（校長）を務めた菅原兵治は『農士道』で、「農士道とは東洋道徳の精髄たる『士道』を、農的生活の中に実現せんとする道」だと書き、共同体に奉仕する仕事を通じて、自らの人格、道徳性を高めていくことの重要性を説いています。

荒谷　例えば、壊れた田んぼを修理するには、大変な手間暇がかかります。その時に、田んぼを作ってくれた人が、どれほどの苦労をしたのかが実感でき、ご先祖様への感謝の念が沸き起こります。また、水道の蛇口をひねれば当然のように水が出てきますが、何キロも先の水源池から水路を引く作業を想像すれば、大変な苦労をして水路を整えてくれたご先祖様に対する感謝の気持ちが自然と起こります。

また、農業を実践すれば、自然に対する畏怖の念を抱くことになります。おコメが成長するためには、お天道様が出てくれなければなりませんし、適度に雨が降ってくれなければなりません。しかし、天候は人間の力で制御できるものではありません。つまり、農業を体験する中で、ご先祖様への感謝の念と自然に対する畏怖の念を養うことができるのです。これこそが、「神ながらの道」の実践です。

さらに、共同作業を行う際には誰かが取りまとめ役を務めなければなりません。しかし、単に能力のある人が指導するということになれば、そこに権力構造ができてしまいます。だから、取りまとめ役は道徳・倫理観において、他よりも優れた、徳のある人でなければなりません。

例えば村長になる人には、徳の高さが求められます。同様に、一家の長になる人にも徳の高さが求められます。いずれ共同体の取りまとめ役、一家の長になるならば、徳を積まなければならないということです。農作業を中心とする共同体における作業を通じて、徳操、倫理観が自然に養われていきます。そうしたものは、学校で習って身につくものではありません。

「天皇による統治」の理念が有力な選択肢になる

――グローバリゼーション以後の世界では、日本以外の国でも「農業が国の根幹である」という考え方が強まるのでしょうか。

荒谷　いま農業の重要性は、それぞれの国で再認識されています。反グローバリゼーションを掲げるドイツやフランスの農民たちの運動は非常に活発になっています。例えば、「牛のゲップが地球温暖化の原因になっているので畜産をやめろ」といったグローバリストの暴論に対して、猛烈な反対活動が展開されています。また、ヨーロッパの先進国政府も、グローバリゼーションの負の側面をよく理解しており、フランスなどは農業を重視し、食料を完全自給する政策をとっています。フランスだけではなく、ヨーロッパ諸国は高い食料自給率を維持しています。

また、グローバリズム以後の世界では、自由貿易至上主義が崩れ、輸入によって食料を確保することはできないので、自分たちで農業生産しなければならないという考え方に立ち返っていくでしょう。

―― 日本文化の根幹にある調和の精神は、新たな国際秩序の創造においても重要な役割を果たすことになるのでしょうか。

荒谷 全人類がグローバリゼーションの誤りに気づき、新しい世界を作ろうと考えた時に、特定の少人数の人間が権力を持ち、強制力によって世界を管理するという体制は否定されることになります。同時に能力主義、合理性を絶対視する考え方も見直されると思います。

ただ、残念ながらアメリカのような近代以降に誕生した国は権力構造による統治しか体験したことがないので、権力以外の新たな統治秩序についてのアイデアを出すことはできないでしょう。

こうした中で、競争の勝者が社会的地位まで占有する「権力」統治ではなく、社会的地位には相応の人格を必須とする「権威」による統治を理想としてきた日本こそが、世界に新たな秩序の在り方を発信するべきだと思います。権力を持たない天皇による「しろしめす」統治の歴史を紐解き、我々自身がそこに立ち返り、そのサンプルを国際社会に示せば、国際社会はそれを有力な一つの選択肢として考えてくれることになるはずです。

当面は、グローバリゼーションの最終段階において、かなり悲惨な状況が生起してくるとは思いますが、日本が本来の姿に立ち戻る絶好の機会が近づいているのではないでしょうか。悲惨な状況だけを見てやる気を喪失することなく、未来に目を向けてわが国を再生する方向に進むべきだと思います。

（聞き手・構成　坪内隆彦）

水田は環境を害す？ ダボス会議で大妄言

本誌副編集長　小野耕資

バイエル（モンサント）ＣＥＯが水田はメタンガス発生源であり問題だと発言した。日本人はこの大妄言を奇貨として日本の水田文化を今一度見直す機会としなければばならない。水田の文化信仰的側面を軽んじてきたのも戦後日本の姿であり、そこからバイエルの妄言に転落するのは紙一重だからだ。

水田が地球温暖化の原因？

本年一月に開催された、世界経済フォーラムの年次総会、通称ダボス会議で妄言が飛び出した。

《アジアのほとんどの地域では、いまだに田んぼに水を張る必要がある伝統的な方法で米が栽培されている。畑に水を張ると、基本的に水で雑草を殺すことになる。それはいいことのように聞こえるが、大量の水を必要とし、雑草の嫌気性発酵を引き起こす。雑草は水中で分解され、そうなるとメタンガスが発生する。実際、米の生産はメタンガスの発生源のひとつであり、温室効果ガスの排出という意味ではＣＯ２の何倍も有害なのです。》

しかもこの発言は、モンサント社を買収したバイエル社の最高経営責任者（ＣＥＯ）のビル・アンダーソン氏によるものだから事態はますます深刻である。「世界最悪の企業」とも言われるモンサントが水田耕作を攻撃しているともとれる発言をする――。これほど由々しきことはない。エキセントリックな環境保護もここまで来たかという思いである。彼らはダボス入りするにあたってプライベートジェットで来ている。それによる温室効果ガスの増加はなぜ考慮されないのか。またはバイエルの除草剤等による自然環境の破壊はなぜ糾弾されないのかとも言ってやりたいところだ。こうした農業悪者論の行きつく先は人工肉やコオロギ食だろう。そんな未来でよいのか。

水田発言のバイエルの真意

もちろんバイエルが何のうまみもなく農業を敵視するような発言をするはずがない。注意深く発言を見てみると、「畑に水を張ると、基本的に水で雑草を殺すことになる」と言っている。つまり田ではなく畑を使い、水で雑草を殺す方式ではなく、我々バイエル社の除草剤で雑草を殺せと暗に言っていることが垣間見える。つまり自分のところの商売に都合の悪い稲作はやめろと言っているにすぎないのだ。環境に都合をつけ、自分たちの商売にそぐわないものを悪者にしようとは、さすがえげつない商魂である。また、日本国内の話でいえば、畑作はバイエルなどが提供するF1種子に毒されているが、稲作はまだグローバルアグリビジネスに種子の供給があまり侵食されていない領域である。その点でも貴重であり、バイエルがここに手を付けたいと思うであろうことも想像できる。

言うまでもないことながら、水田耕作は連作でき、多収であり、肥料を畑よりも少なくできるというメリットがある。世界人口が増え続ける時代、むしろ水田耕作のノウハウこそ世界に求められているのではないだろうか。そして水田の貯水効果や生物多様性を保障する点も見過ごせない。水生昆虫や川魚などは水田と共生してきたのである。

ところが戦後日本は水田の乾田化を進めてきた。乾田化とは、要は水田に水を入れない期間を長くするということである。中干し期間の増加ということだ。これにより、メタンガスの発生を少なくすることができる。だがもちろん乾田化はメタンガス削減のために進められたのではなく、農機を入れるために進められたのだ。そのため、乾田化は農機メーカーも推奨している。だがこの乾田化は、せっかく水にいた水生生物を追い出してしまうのだから、生物多様性や貯水効果という点では大きく下がることになってしまう。

農水省もメタンガス削減を推進？

インターネットでこの問題について検索すると、農林水産省も資料を出していることに気付く。そこでは、「水田からのメタン排出削減のため　中干し期間の延長、秋耕等を支援します！」などと書かれており、「温室効果ガスの一つであるメタンはＣＯ２の約25倍の温室効果がある。水田からのメタン排出は日本のメタン排出の約40％を占める。水田での取組で温室効果ガスの大幅な削減が必要！　中干し期間を慣行から1週間程度延長すれば、メタン生成菌の活動を抑えメタン発生が減少！　秋のうちに稲わらをすき込めば、湛水前に分解が進みメタン発生が減少！」などと謳っており、上限３００万円の補助金も出している（令和5年度）らしい。さらには別の資料では、「水田を畑地化し、高収益作物やその他の畑作物の定着等を図る取組等を支援します」などといい、畑作化にも補助金を出しているようだ（令和5年度時点）。

これではバイエルＣＥＯを嗤うことなど到底できない。日本の農水省まで稲作を敵視し、乾田化や畑作化を進め、それに補助金までつけているのだから、絶望的状況なのである。

水田耕作の文化信仰的側面を重んじよ

繰り返すように、今回のことは、世界最悪の企業バイエルがついに東アジアの稲作に目を付けたという点で由々しき事態である。イラク戦争で壊滅的被害を受けた地にモンサント（バイエル）が侵出。アメリカはイラクに遺伝子組換種子と除草剤を補助金付で無償提供した。これによりイラクの伝統農業は終止符を打たれてしまい、毎年モンサントから種子と除草剤を買わなければ生きていけない農家を量産した。こうした血も涙もない惨事便乗型資本主義の典型的企業がバイエルであり、金儲けのためなら他国の文化を破壊しても良いと考える世界最悪の企業の思惑に乗ってはならない。

水田を乾田化すれば、肥料が多く必要になる。雑草対策としてバイエルのラウンドアップを使用し、それに耐えうる遺伝子組み換えのイネが売られる可能性がある。何よりこうした農業の議論において文化、信仰の見地から議論がなされなくなることが問題だ。農業を産業の一部として見ている時点でバイエルと同じ穴のむじなだ。農水省のように、農家を保護すると称して畑作化に補助金を出したりし始めるところまで落ちるのは時間の問題なのである。

日本は八百万神の国であり、そこには田の神様もおり、それをお祭りする伝統行事も行われてきた。東北地方には、春になると田の神様をお迎えし五穀豊穣を祈る祭りがある。もともと餅つきも、この田の神を祭るためのものとも言われる。田の神様は餅つきのトントンという音を聞いて山から里に下りてくると考えられていたのだ。そして山の神とは先祖の霊のことであり、田の恵みは先祖がもたらしてくれたものなのである。もちろん田は畔《あぜ》を造り灌漑設備を整えるなど、前近代においては先祖のとてつもない苦労の果てに作り上げられたものであり、文字通り一所懸命になって守る価値のあるものであった。だからこそカカシの神など、神道において重要な神が田に関係するものが多いのである。古事記に登場し、大国主の国づくりに大いに寄与する久延毘古はカカシとされ、田の神、土地の神、農の神であった。また久延毘古《くえびこ》は大国主に助言したことから、知恵の神としても祀られているほか、久延彦神社（大神神社末社）など久延毘古をご祭神とする神社もある。もちろん天皇陛下は毎年御自ら稲作をされるし、その稲は皇室の祭りにも使われている。トキやカモなど、日本の鳥と言われている鳥類も水田ある里で育つ。春の七草でいえばセリは水田の畔に生える雑草でもある。フナやドジョウなど水田に生育する魚類もいる。またホタルなどは和歌や俳句にも詠まれるが、それも水田環境で育つ昆虫でもある。

こうした豊かな田の信仰を持つわが国が、水田耕作を手放すことなどありえない。それは文化の破壊だと言える。だが繰り返す通り、そうした「文化と共生する水田」という像ももはや農業の機械化や、農薬・肥料の大量使用により産業化されることで排除されつつある。世界の農業文化を破壊してきたバイエルの発言は大妄言でしかないが、こうした妄言を奇貨として、わが国の水田文化・信仰を今一度見直す機会としなければならないのではないだろうか。

農的生活者の道義

ひの心を継ぐ会会長　三浦夏南

農業界の現実

我が国の農業界の現状を概観すれば、自給率はカロリーベースで見ても、三十パーセント台に止まり、到底独立国家が自存可能な数字とは言えない。しかも、あくまでカロリーベースから見た数字であり、ここに種子、燃料、機械などの問題を付加して考えれば、日本の自給率は途方もなく低い水準に置かれている。また、農業の担い手である農家の人口はと言うと、人類の本業とも言うべき食料生産の中心であるはずの農家の人数に愕然とせざるを得ない。江戸時代に八割以上、戦前でも五割を占めたはずの農業人口は、経済成長の名のもとに、急激な郷土離れを惹起し、今では人口の一割にも満たない。農業界が全産業の中でも特に高齢化の渦中にあり、後継者不足、若手不足に悩まされていることを考えれば、我が国の食料安全保障は極めて危険な状況にあると言うべきである。これだけに止まらず農業界の現状は悲惨そのものであり、掘り出し数え上げれば、数限りない問題点が指摘されるに至るであろう。

上述の諸問題を詳細に調査分析し、如何なる解決策を提示実行するのかということは、その道の専門家が居られるであろうし、農の現場の只中にいる我々の任ではあるまいと思う。これらの現実的、具体的諸問題は、独立国家に於て由々しき事態であることに相違はなく、一刻の余地もない急務であるが、農の衰退という事実はこれらの現象的問題のみに止まるものではなく、我が民族の「精神」に係る本質的な問題であることを強調したいのである。農業は食料生産という物質的機能だけでなく、民族の道義を培養するという教育的機能も備えたものであることを我々は再認識すべきである。

道義国家としての日本

古来我が国は東方の君子国と呼ばれ、道義国家であることを自他ともに認識し、自らの誇りとしてきた。倫理道徳に関する教説は隣国の儒教の中で顕著に発展してきたが、彼等の唱導した教義はあくまでも憧憬する理想であり、現実としては終わることなき易姓革命、王朝交代の歴史を歩まざるを得なかった。道義の中で最大のものとされるはずの天子に対する忠義が、救民の美名のもとに蔑ろにされてきた事実は、教説通りの道義国家を建設し得なかったことを明白に表している。それに対して我が国は、倫理道徳の教説を論理としては詳細に言挙げしなかったが、万世一系の皇統が連綿として伝わり、道義の中核である忠義の美徳を決して失うことがなかった。倫理の根源である忠義がかくの如くであれば、孝悌忠信の行いは、身分の尊卑を問わず万民に実行されてきたに違いないのである。

そもそも異国の人々が称賛した「道義」とは何かということを考えてみると、儒教の中では五倫五常と称されたものである。五倫とは君臣、父子、夫婦、長幼、朋友という、家族と家族の延長された共同体内での人間関係であり、五常とは仁義礼智信という、家族的人間関係に誠実に向き合っていく上で、人々が持つべき徳目である。代々父祖がお世話になってきた君主には、如何なることがあれ、忠義の誠を尽くすべし。我を生み育ててくれた父母には孝行の誠を尽くすべし、簡単に言えばこれが五倫である。人間には、君を慕い親を思う真心が、生まれながらに備わっており、君主を無視し、父母を顧みぬ不義を憎む心が自然に生じてくる。これらの本心を仁義と呼び、詳しく言えば五常の徳と称して来たのである。

道義はどこから生まれたか

それではこれらの道義心は如何にして生成されてきたのか。古来我が国においては、自らの建国理念を「八紘為宇」と称してきた。「八紘為宇」とは簡単に言えば、「天下を一つの家のような世界にする」ということである。我が国は「一大家族国家」とも賛美されることがあるが、皇室を総本家として、日本はもとより世界中の国々が家族となって仲睦まじく共存共栄すること、これこそ高天原の地上的顕現であると我々の祖先は考えてきたのである。

そこで、「家」「家族」という概念が問題になるのであるが、現代の核家族化した現状から、家、家族というものを想像すると、古人の概念とは大きな隔たりを生むことになる。「イヘ」という言葉の本来の意味を考究すれば、「イ」は接頭語であり、「ヘ」は「ナベ」にもつながる言葉で、煮炊きするもの、「カマド」を表す言葉である。古くは、「カマド」を分けるという言葉が分家を意味したことからも、「イヘ」と「カマド」が同じような概念として考えられていたことが想像される。「カマド」とは言うまでもなく、お米を炊くためのものであり、本家、惣領の大きな釜で炊いたお米を、分家親族が集まって共食したのである。また本家の「カマド」は祭祀の場ともなり、本家のもとに親族が集まっては、祖霊神祇を祭り、感謝の至誠を述べ、五穀の豊穣を祈念し、一族の名分を正して団結を図ったのである。

つまり、「イヘ」とは、農的生活を基盤とする祭祀的、血族的共同体を意味するもので、今の概念で言えば、家、家族というよりも、村、集落、部落、一族といった方が古の事実に近いかもしれない。我が国の神代において、「豊葦原の瑞穂の国」との呼称があり、天照大御神より下された「斎庭稲穂の神勅」があることも、わが国が農本建国の国柄であり、農業を生活基盤とする共同体の信仰生活が、極めて重大な意味を持つことを裏付けている。

そして、この農本的共同生活こそ、日本国民の道義心を培養した根源であった。何故ならば、農を本として人々が生きるということは、道義的であることを絶対の条件とするからである。換言すれば、誰もが道義的でなければ、生存できない社会、それが我が国で悠久の古代から継承された農本社会の実態だったのである。人間にとって生活の必然であることほど、人間を成長させるものはない。

例言すれば、戦国の世に生まれ、隣村隣国の小競り合いが当然の時勢であれば、女、子供でも戦争に慣れ、勇猛な武人でなくとも、強靭な戦闘力が自然と身につくものである。漁村に生まれ、海中に食糧を求めることが生活の必然であれば、水泳の達者は格別褒められたものではなくなる。山村に生まれ、木を切ることを生業とする人々が、雪積る山の寒さに強いのも当然である。

これらは全て、生活の必然が生み出したものであり、生活と密着した能力ほど、透徹した能力はないのである。畳の上で技術の粋を極めた江戸武士と、戦国の世に戦闘を生活の一部として過ごした戦国武士は、同じ戦闘術でもそこに大きな違いが生まれるのは必然である。生活の中で習得された能力は、あまりにもさり気なく、自然に、しかしながら、徹底したものとなるのである。

我が国の道義心も同様であり、一定の場所に土着し、世代を跨いで血縁関係を深めながら、日々の連帯協力を必須のものとする農本的共同生活は、名分を重んじ、仁義を尊ぶ道義的生き方を、知らず知らずのうちに徹底せしめるのである。そして、泳げないものが海で溺れ、戦えないものが戦国の巷に倒れるように、道義的でない村落は崩壊消滅せざるを得ないのである。かくの如く生活の中で止むに止まれず生成された道義心は、海を悠々と泳ぐ魚の如く、空を颯爽と飛び回る鳥の如く、極めて自然な心のあり方として発達して来た。この飾りも衒いもないありのままの道義心を古人は「やまとごころ」「やまとだましい」と呼び、生活の中で自然と身に付けた当たり前のことであるので、「言挙げせぬ」と言ったのである。

農的生活体験から見た道義

現在農業に従事している生活体験から考えても、道義の大切さと当然さは切実に感ぜられる。農業を営む夫婦が離婚しやすいということは、業界ではよく聞く話である。現代の人々は、時代の潮流に流されて、古人の定めた「男女の別」というけじめの重要性を蔑視しているが、農を本とした共同生活を始めれば、男女平等の美名が偽善であることに直面する。男女平等がまかり通るのは、共同生活を離れた個人主義的生活であるからで、職を異にし、夕食と寝室を共有する程度の現代夫婦の関係であれば可能かもしれないが、起きてから寝るまで、共に働き共に生きるという農的共同生活の中では、「男女の別」は現代人が考える以上に重大な礼節である。

　自己の経験に照らして見ても、夫婦平等のあり方であれば、毎日喧嘩の声が鳴りやまないことが容易に想像される。これが戦国の世であれば、夫婦の決裂から一家瓦解し、一家の瓦解は親族へと拡大して、一村の危機を惹起するに至るであろう。夫婦を例に挙げたがその他また然りであり、親子親しまず、兄弟序を失い、本家分家名分を失うに至れば、村内は内紛に喘ぎ、外からは侵略の魔の手が忍び寄ることになる。かくの如く農本社会では、道義の失墜はそのまま共同体の崩壊離散であることが直観的に実感される。しかし、大地から切り離され、共同体を分解され、マネーに紐づけられた「個人」の集団となり果てた今の日本人は、道義の必然性に対してあまりにも鈍感になっている。

　上述のように、農本的共同生活の要請する生活的必然が、日本人の飾りのないありのままの道義心の源泉であったとすると、わが国の農家人口の減少は、食料自給の問題だけではなく、民族精神の消失につながる一大事であることが分かる。

　百姓町人までが論語を脇挟み、足繁く塾に通って倫理道徳を愛好した江戸時代、わが国は農民人口が八割以上を占める農本国家であった。西洋に追従し、商本的経済繁栄のみに終始し、農家人口は一割以下となった我が国が、敬神崇祖の美徳を失い、倫理道徳を忘却するに至ったことは偶然ではあるまい。一国の存亡を決するのは、最後には人の心である。人心正しければ敗れるとも滅びることはあるまい。その人心を正し行く根底は農の再生にあるのではないか。本稿が同憂の参考になれば幸甚である。

道義的農業の実践

筆者自身も現在愛媛県西条市にて、一家協働して道義的農業の再生に取り組んでいる。農業を始めた当初は土地、機械は勿論なく、農業についての知識技術も何一つ持っていなかったが、道義国家日本の再生を自らの家族を以て実践したいとの志一つで、がむしゃらに取り組んできた。今では、筆者の家族五人と弟家族四人、さらに父や叔母も手伝ってくれるようになり、元自衛官の志ある青年も研修生として迎えて、約七ヘクタールの田畑を耕している。自給的農業から大規模栽培まで、様々な事業を行っているが、農を通して自らの家族を道義的に練磨することを眼目としている。

国体の尊厳を語り、倫理の価値を叫ぶのは容易いが、わが国の倫理的常識が崩壊した今、現実の家族関係を調整し、農に取り組むことは悪戦苦闘の連続である。その障壁を乗り越え、一族の国体化を現実のものとするには、謙虚に古人の書に学び、朝夕に祖霊神祇を奉斎し、誠心誠意を以て万事に体当たりし続けることである。一族再生、農本的共同体再興は遠く長い道ではあるが、これこそ祖国再建の根本であると頑なに信念し、日々の生活に精進努力したいと思う。

戦前と現代の農本主義

大アジア研究会同人　滝田諒介

1. 我が国農業界の危機的状況

農林水産省が公表した我が国の食料自給率（カロリーベース）は、38パーセントであり、この20年ほど横ばいで推移している。食料自給率（生産額ベース）については58パーセントと、過去最低を更新している。我が国は、日々の食事を海外からの輸入に頼っていることから、その危険性の指摘されている台湾有事における シーレーンの破壊や、伝染病の蔓延、世界的な不作が訪れた際、危機に陥るだろうことは容易に想像できる。

また、農業従事者の人手不足も深刻である。現在、同従事者の平均年齢は、68歳であり、高齢化の著しい我が国でも極めて高齢化の進んだ業界と言えよう。政府は、新規就農者を増やす取り組みを進めているものの、大きな成果を上げているとは言い難く、逆に特定技能や技能実習生として来日した外国人に支えられているという側面も否定できない。コロナ禍において技能実習生の来日が減ったことで、彼らに依存していた農家が人手不足に苦しんでいたことは記憶に新しい。多く報道されていたわけではないが、すでに我が国の農業は危機に陥っていたのである。

2. 農業回帰の動き

危機的状況の中、近年、右翼・保守勢力において、農業への回帰志向が始まっているように思われる。その例をいくつか紹介する。

令和4年の参院選において約177万票を獲得し国政政党の仲間入りを果たした参政党は、「新しい国づくり「10の柱」」という主要政策の中で「農林水産物自給率100パーセントの達成」を掲げ、国内で完結する自給体制確立を主張している。

また、党代表・神谷宗幣の関わっている「加賀プロジェクト」は、令和2年頃から、石川県加賀市において「子どもたちの学校を中心とした新しいコミュニティを作り、面白い大人を集めてこれからの日本のリーダーを育成します。」という趣旨のもと、自給自足のコミュニティ作りを進めている。このコミュニティでは、趣旨に賛同する者らの移住を進め、集住生活を営んでいる。また、在来種を尊重し、無肥料・無農薬の稲作や畑作を実践しているようで、一般人対象の「加賀プロジェクト体験ツアー」では、これらを体験することができる。

ついで、参政党と同じく、令和4年の参院選において兵庫県選挙区を闘った「祖国再生同盟」を母体とする地域政党「兵庫むすびの党」は、その公式X（旧Twitter）アカウントによると、「コロナ禍で分断された社会を修復し、一人一人のご縁と心をむすび、自他共栄の社会を目指す地域政党」であるという。これら団体は、国会・地方議会における議席獲得を目指しているが、それとともに、令和4年頃から、「そこく畑」と名付けた畑作を実際に行い、これを通して食糧自給率100パーセントを目指している。

政党ではないが、農業への回帰を最も明確に打ち出している団体として、「国際共生創成協会熊野飛鳥むすびの里」が挙げられる。この団体は、陸上自衛隊初の特殊部隊である特殊作戦群の初代群長・荒谷卓が平成30年に設立し、「「農業」と「教育」と「武道」」の三つの柱で共同体を運営し、日本国内のみならず世界中に共生共助のネットワークを築く」ことを標榜しており、特に、荒谷のFacebookアカウントでは、四季折々の移ろいを見せる里山の姿を楽しむことができる。また、荒谷は、「日本自治集団」というネットワークの設立を試みている。この集団は、志をもって農に携わる人材とされる「農士」の育成事業を行っており、「むすびの里」と「日本自治集団」のいずれも農業をその活動の中心に据えていることが分かる。

3．戦前の農本主義と現在

では、なぜ農業なのか。そのためには、戦前、昭和維新運動に大きな影響を与えた農本主義について振り返る必要がある。

農本主義は、明治維新後に急速に進む資本主義・産業革命に対し、農業や農業共同体（村落社会）の維持・拡大を目指すことを目的に発展した思想であり、昭和4年に始まった世界恐慌の煽りを受けて我が国が不況（昭和恐慌）に陥った際、同思想は体制の革新（維新）を求める運動と結びついた。

橘孝三郎

特に、権藤成卿と橘孝三郎という2人の指導者が有名である。権藤は、中央集権的な政府に反発し、「社稷」という共同体を対置することでその自治を主張した。また、橘は、農本主義に基づき、「新日本建設の闘士」の育成を目的に「愛郷塾」を設立、自身も農業に従事した。昭和7年の五・一五事件の際、農民決死隊を組織して参画したことはあまりにも有名である。昭和恐慌を受け、国民生活が非常な苦境に立たされた際、当時の右翼・保守勢力の中でオルタナティブとして農本主義が見直されたわけであり、我が国が採った資本主義体制及びそれによって引き起こされた不況が原因で不安定になった人同士の関係を、農業共同体の力でもう一度繋ぎなおそうとする試みだったのだと言えよう。

翻って現下の社会情勢を鑑みると、先述の、農業への回帰を進めているいくつかのグループは、意識的か無意識的かを問わず戦前の農本主義と同じ問題意識を持ち、その解決を模索していることが見て取れる。参政党も、「祖国再生同盟」も、「むすびの里」も、用語は違うものの、世界をその幕下に収めてしまったグローバル資本主義に明確に反対している。

戦前と違い、国境の障壁を越えて各国が単一市場と化してしまった中、対決する相手は我が国の資本主義体制に留まるのではなく、「帝国」（ネグリ＝ハート）たるグローバル資本主義ということになる。そして、この路線は、アメリカ及び関連財閥・財団による世界一極支配を打破し、「多極世界」を形成させようとするロシアの路線と親和性が高い。それが、「親露派」などと誹謗される所以であろう。

また、新型コロナウイルスの世界的流行は、人同士の距離を物理的に引き離し、その結果、心理的にも引き離してしまった。世界中ほぼ全ての人類が一時期、マスクを着用して口を見せずに会話していたなど、何かの冗談としか思えない事態であり、そこにあったのは、国家や民族に属する人ではなく、命を人質に取られ、バラバラになって右往左往する消費者に過ぎない人の姿だった。

さらに言うと、ロシアがウクライナに侵攻し、西側諸国の非難を受けつつも戦争を続けられるのは、自国でエネルギー・食料を生産できているという要素が大きく、台湾有事の危機が叫ばれている中、日々の食事を海外からの輸入に頼っている我が国で食料安全保障の重要性も改めて問われることになった。

こうした厳しい情勢で農本主義的な運動が始まるのは、当然の流れだったのではないだろうか。農業への回帰は、この産業の隆盛が主目的というわけではなく、グローバル資本主義に対抗するために、人同士の共同体（コミュニティ、社会）をもう一度作り直すという試みにとって最適解と考えられたからである。

我々日本人は、元来、農業を中心にその歴史を歩んできたわけであり、橘の著書『日本愛国革新本義』に曰く、「頭にうら、かな太陽を戴き、足大地を離れざる限り人の世は永遠であります。人間同志同胞として相抱き合つてる限り人の世は平和」だからであろう。

そして、一例として、そのような問題意識を持つ参政党が国政政党の仲間入りを果たし、地方議会にも議員を送り出し続けているという事実は、右翼・保守勢力の枠を越えて国民の中にも共同体再生を求める機運が高まりつつあることを示しており、農本主義が体制の革新（維新）を求める運動と結びついた戦前の一時期と同じく、戦後日本は、現在、大きな転換期を迎えていると言えるだろう。

知られざる北里柴三郎の興亜論

大アジア研究会代表　小野耕資

新千円の人、北里柴三郎

本年七月には新紙幣が発行される。一万円が渋沢栄一、五千円が津田梅子、そして千円が北里柴三郎である。一万円の渋沢栄一が水戸学と関係深い人物であったことは、坪内隆彦『水戸学で固めた男　渋沢栄一』のとおりである。また、千円の図柄となる北里柴三郎は、アジア主義とゆかりのある人物であったことはほとんど知られていない。現在入手しやすい北里の伝記であるミネルヴァ評伝選の福田眞人『北里柴三郎』や上山明博『北里柴三郎　感染症と闘いつづけた男』、山崎光夫『北里柴三郎　ドンネル（雷）と呼ばれた男』にも北里がアジア主義を抱き東亜同文会に参画した話は全く出てこない。本稿ではそんな北里と興亜論という知られざる歴史を紐解いてみたい。

医学を学び国事を談ず

北里は嘉永5年（1853年）に肥後国阿蘇郡小国に生まれた。8歳から2年間、伯父に預けられそこで漢籍を学んだ。北里少年は軍人か政治家になることを望んでいた。しかし、両親たっての希望で医学の道に進むことになる。熊本に出て、明治元年（1868年）に細川藩で儒者を務めた栃原助之進の門下となった。ちなみに栃原の門下からは明治9年（1876年）の神風連の変に参加する人を数人排出することになる。政治家、軍人志望の北里がこの門下に長くいたらひょっとしたら変に参加していたのかもしれないが、翌年には藩校時習館に、さらに藩校が廃止になると城下の医学校に入る。ここから北里の医学への道が始まる。そして明治8年（1875年）には山田武甫を頼り上京。山田は北里より21歳上で、時習館で横井小楠に学び、徳富蘇峰らを育てた人物でもある。

北里は東京で適塾出身者である長與專齋に付くことになる。東京でも学生を集めて天下国家を語る「同盟社」なる組織を作り、政治経済外交などを語っていた。この同盟社、主将が北里で、副主将は伊東重であった。伊東は弘前出身で安政4年（1857年）の生まれであるから北里より4歳も年下である。伊東は津軽藩の藩医の子で、親戚である伊東梅軒が、吉田松陰が東北旅行で弘前に来た際に国事を談じたことでも知られている。伊東重は長じては養生会をつくり養生哲学を広めた。次男の六十次郎は民族運動に挺身し、石原莞爾の東亜連盟にも参加した。そんな伊東重の幼少期からの竹馬の友が、陸羯南である。

北里が当時書いたものに「医道論」がある。これは伝染病の予防と撲滅を主張した、後年の北里の事跡がうかがえる論ではあるが、その最後は七言絶句で締められていた。

保育蒼生吾が期する所
成功一世豈時無からんや
人間窮達君説を休めよ
苦辛に克く耐う是男児

このあたりが北里の古風な感覚を感じさせる。「昔の人は、医は仁の術、また、大医は国を治すとは善いことを言う」という一節で始まる北里の医道論は、単に病気を予防し、治すというだけの現代医学の関心とは違うものを持っていたことを示している。

ノーベル賞を逃す

明治18年（1885年）、北里はドイツのベルリン大学へ留学した。ベルリン大学ではコッホに師事する。コッホはこの当時田舎で研究する医者にすぎなかったが、炭疽菌の培養の成功や結核菌の発見など次々と画期的な成果を発表していた。コッホは自然を愛するナチュラリストであり、そこから菌の研究に取り組んだ人物だった。そして明治22年（1889年）、北里は破傷風菌だけを取り出すことに成功し、さらに血清療

北里柴三郎

法も確立した。同僚であったベーリングと連名で学術論文を発表し、第一回ノーベル医学賞の候補にも挙がったが、結果的にベーリングのみが受賞することとなった。人種差別がその理由とは表向きされていないが、不可解な選考であった。極東の小国の研究者なぞに第一回のノーベル賞をあげられないという意識があったのかもしれない。タゴールが大正13年（1913年）に文学賞を受賞するまで、東洋人からは受賞者はでなかったのである。

そして北里は欧米各国の大学、研究所等から招聘されるも、それらをすべて断り明治25年（1892年）に帰国する。北里がこの決断をしたのにはわけがある。コッホは「私が細菌学をめざしたのは、ドイツ国民を支える杖になりたいからだ」と述べたことがあった。北里はドイツで学んだものを祖国日本で生かしたかったのだ。こうした強い愛国心が北里にはあった。

日本での東大閥、鴎外らとの確執

こうした強い愛国心で帰国した北里であったが、祖国日本の反応は冷たいものであった。ドイツからはウィルヘルム皇帝自らが北里に称賛の言葉をかけたのに対し、北里が帰国しても国内メディアはまったくの黙殺で応じた。それどころか国内でのポスト確保にも苦労する有様であった。北里は無職となってしまったのである。これには裏事情がある。北里は内務省の嘱託として留学したが、医学界は東大閥と文部省系が牛耳っていた。北里は脚気が細菌によってもたらされる病気であるという東大閥の見解に真っ向から反論し、睨まれていたのである。脚気細菌説の有力論者には、北里と同じころにドイツに留学していた森林太郎（鴎外）がいた。以降鴎外はさまざまな点で北里の活動を妨害しつづけた。

そんな無職の北里に、内務省系の後藤新平は「伝染病研究所を設立してはどうか」という話を政府に働きかけ、北里に一任する話をつけてきた。北里にとってありがたい話である。しかし場所等にも苦労する有様であり、師の長與専齋は福沢諭吉に便宜を図ってくれるよう依頼した。福沢は北里の志を意気に感じ、地所建物を無償で北里に貸し出す旨を約束した。こうして現在の芝公園近くに伝染病研究所は設立されたのである。明治26年（1893年）には手狭になり移転する話も出てきたが、そこでも東大閥の連中が住民に「怪しい病気をまき散らされる」と反対運動を起させる等の妨害工作を行った。だがそれにも負けず北里は己の研究に邁進したのである。

命がけでペストを研究

明治27年（1894年）、思わぬ知らせが北里に飛び込んできた。香港でペストが大流行しているというのだ。そこで日本に伝わる前に研究すべきとの判断から、香港への現地調査として北里を派遣することになったのである。当時ペストは「黒死病」といわれ、感染したら9割が死ぬと言われた病である。しかも治療法が確立されていなかった。死を覚悟しての香港行である。ちなみに東大閥からは青山胤通が派遣されることとなった。平田鐵胤の子信胤の養子となったことでもある青山は、美濃の生まれで東大を経てベルリンに留学していた。森鴎外の親友である。実は青山と北里は学生の頃から犬猿の仲であった。6月2日、帝国ホテルで北里と青山の送別会が盛大に開かれた。死を覚悟する二人にせめてもの宴というわけである。朝野の名士が揃い、北里と青山の健闘を祈った。おそらくこの時に近衛篤磨との関係ができたのではないかと思われるが、定かではない。

香港にわたった北里は、さっそくペスト菌を発見する。ところが青山はペストに感染してしまった。青山は危篤状態に陥るも、奇跡的に回復をとげた。同時期、アレクサンドル・イェルサンもペスト菌を発見していた。青山は北里が発見したペスト菌は誤りで、イェルサンのものこそ真のペスト菌であると主張した。いわば足を引っ張ったわけである。この青山の主張に森鴎外、緒方正規帝国大学医科大学教授ら脚気を菌だと言っていた東大閥の人間が同調した。しかしイタリアの国際衛生会議で北里のもイェルサンのも正真正銘ペスト菌であると認定され、発見日が九日早かったことから北里が発見者であると認定された。そんなゴタゴタもあったが、同年十一月、北里と青山の帰国歓迎会が帝国大学図書館で催された。この開催委員長が近衛篤麿である。この時青山に近衛篤麿から青山自身を描いた銅像が贈られており、それは東大医科学研究所に今もある。北里にも贈られており、それは北里記念館にある。

明治28年（1895年）、遼東半島でコレラが蔓延し、日清戦争中の日本軍にも感染者が出た。そこで北里が自らが開発したコレラの血清治療を施し、回復させるにまで至った。これを詳しく報じたのは陸羯南の『日本』であり、近衛篤麿とも関係の深い新聞であった。

東亜同文会に参画

明治32年（1899年）、北里の伝染病研究所は国から寄付を受け、内務省直轄の「国立伝染病研究所」となった。ちょうどそれと同時期の明治31年（1898年）、東亜同文会が結成される。これは「支那保全」を掲げ、国内のアジア主義団体を糾合したものである。初代会長は近衛篤麿、幹事長は陸羯南が務めた。明治34年（1901年）、この東亜同文会に医学部門が作られた。「東亜同文医会」である。義和団事件に端を発する北清事変において、欧米宣教師等が中国各地で診療所を建てる等医療活動をしている中、日本は医学的進出が遅れていたことから、アジアに医療を齎す組織の必要が叫ばれていた。そこで欧米各国の侵略的野心に対抗し、日本の人道主義により東洋平和、清国保全のために医学者の参入を構想したのだ。近衛篤麿・長岡護美・岸田吟香を中心にしつつ、北里などが加わり東亜同文医会が組織された。その後、東亜同文医会は仲間を加え、亜細亜医会、同仁会と組織改編を繰り広げてきた。北里はこの同仁会においても理事を務めたのである。

東亜同文会が戦前昭和に編纂に携わった『対支回顧録』ではこの同仁会の意義を以下のように評している。

「支那及び其他の亜細亜諸国に対して、医学薬学並に之に付随する技術の普及徹底を策し以て東亜民族の健康を保護し、病苦を救済して是等諸国の文化に貢献せん」

このように同仁会ではアジアに日本の医療技術を広めることで、アジア人を救いたいという理想があった。

同仁会は中国人医療者の育成にも力を注いだ。辛亥革命の際には、戦乱の負傷者救護にも寄与した。

近衛と北里は大食漢であるという共通点もあった。二人は芝公園近くの料亭紅葉館で好きな油っこい料理をたらふく食べていたようだ。鮎も好きで、一食に七、八匹も食べていたらしい。

北里は日本医師会の設立にも携わり貴族院議員になるなど、政治にかかわる面も多かった。もとから政治家志望であり、仮に医師になれなくともそちらでも手腕を振るったに違いない。

北里のその後、コッホ・北里神社

明治41年（１９０８年）、恩師であるコッホ夫妻が来日。北里は日本各地を案内した。明治43年（１９１０年）、コッホ死去。北里はコッホ神社をつくり、お祀りした。

大正３年（１９１４年）、北里にとってショッキングなことが起こった。内務省管轄だった伝染病研究所が文部省管轄に移ることになったのである。北里は伝染病研究所を、単に医学的研究をする機関ではなく、

コッホ・北里神社（北里大学）

国民の公衆衛生を追求するための機関としてとらえていた。また文部省管轄になると、自分の活動を妨害した東大閥の傘下に入ることになる。北里は抵抗したが受け入れられなかった。北里は辞表を提出、伝染病研究所を辞することとなった。後任所長は青山が就くこととなった。その後私費で北里研究所を設立。これが北里大学の前身となる。

昭和６年（１９３１年）６月13日、北里は脳溢血により倒れ、死去した。享年78歳。北里は医学界に多大な功績を残したが、それだけではなく、「国を治す」思い、そしてアジアへの思いがあり、活動を続けた人物であった。その死後、コッホ神社に北里も合祀され、コッホ・北里神社として北里大学敷地内にある。なお、同神社は埼玉県北本市の北里病院内にも遷座されている。

日米合同委員会廃止を求め ニュー山王ホテル前で抗議街宣

2月1日、日米合同委員会廃止を求める抗議街宣がニュー山王ホテル前で行われた。ニュー山王ホテルは表向きは来日した米軍関係者の宿泊施設だが、ＣＩＡの拠点なども置かれる、米国大使館以上にアメリカにとって重要な施設とも言われる場所である。今回の講義街宣は市民団体「＃みちばた」の甲斐まさやす氏とYou-Tubeチャンネル「JT3Reload」運営の川口智也氏の主催によって行われた。当日は50人近い人々が集結し、対米従属への抗議の意思を示した。弊誌編集部は企画段階からお声がけいただいており、右翼左翼といった政治思想を超えた対米自立の必要性を訴えるものとなった。

要求項目としては、①日米合同委員会を廃止すること②過去行われた日米合同委員会の議事録をすべて開示し、広く日本国民に公表すること③国民不在のなか取り決められた日米合同委員会での密約を日本国民に広く公表した上で、その全ての密約を白紙とすること―を掲げた。

当日米国側は警官を通じて要求文の受取拒否を通告。甲斐氏は「宗主国は、植民地国の国民の言うことは聞く気がない、と露骨に感じた」という。要求文は甲斐氏によって配達証明付き書留郵便で送りつけられた。

（小野耕資）

「ロッカールームに眠る僕の知らない戦争」
なるせゆうせい監督　安保闘争をテーマに

映画『君たちはまだ長いトンネルの中』で知られるなるせゆうせい監督が脚本・演出を務める「ロッカールームに眠る僕の知らない戦争」が2月2日～4日まで、草月ホールにて上演された。

今回のテーマは安保闘争。学生運動が活発化していた1960年代後半に東大に入学した主人公・日暮夕モツはまったく政治思想的知識がないにもかかわらず、たまたま勧誘された純子にモテたいがために思想団体に入る。そこで部長である七曲からあるミッションを課されたことで、妹四ツ葉も巻き込んだ人間模様が展開される—というものだ。

舞台では笑いもありつつ、サンフランシスコ講和条約で見せかけの独立を勝ち取ったが、それとセットで日米安保条約が結ばれ、米軍基地が各所にでき、日本はアメリカに追従する犬と化したといった、本質に触れるセリフも登場する。ニュー山王ホテルも登場する。4日の公演を筆者も観劇したが、草月ホールはほぼ満員で、来場者には若い女性の姿も多く、「エンタメと社会問題」を掲げるなるせ監督の狙い通り、本作は若者にも刺さるものとなったのではないか。日本を変えていかなければならないという若者の正義感と、貧困や戦争の爪痕といった社会の深層の問題までが、主人公やその周囲の人々の行動に色濃く反映されており、当時の若者の置かれた状況がわかりやすく表現されている。

ラストは筆者にとっては意外な結末で、話が進む中で「こういう風に終わるんだろうな」と思いながら見る視聴者の予見をあえて外しにかかったのか、それともなるせ監督の中ではあのラストがあるべき姿だという判断だったのか、気にかかった。いずれにしてもエンタメ作品として確立しながら社会問題もテーマにしていくなるせ監督の特長が存分に発揮された作品となった。

（小野耕資）

五・一五事件と新興国スポーツ大会《GANEFO》

（一社）もっと自分の町を知ろう 会長
浦辺 登

五・一五事件とガネフォ

前号（令和6年1月号）において、ガネフォ会60周年に参加したことを述べた。その際、参加者の一人から『GANEFO その周辺』（宮澤正幸著、拓殖大学創立百年史編纂室、平成17年）のコピーをいただいた。それはガネフォ（1963年インドネシアのジャカルタで開かれた国際的スポーツ大会）に柔道、レスリングの監督兼審判員として参加した宮澤氏の記録だった。氏は、このガネフォの大会当時、日刊スポーツの記者でもあったことから、客観的に新興国スポーツ大会ことガネフォの全貌を記述していた。驚いたのは、この宮澤氏が書き綴った記録に「五・一五事件秘史」として、ガネフォ日本関係者に五・一五事件で犬養首相に銃弾を放った黒岩勇がいたことだった。

ガネフォ会で資料を入手

ガネフォ会は水球チームとして参加された方々が、毎年、同窓会的な集まりとして開いていた。筆者は拙著『アジア独立と東京五輪』が機縁となりガネフォ会に参加を誘われ、可能な限り参加していた。その後、ガネフォを広く知らしめたい、後世に伝えたいという方々の参加も可能となった。60周年の会に限っていえば、テレビ番組製作会社のディレクター、大学の研究者（博士）、新聞記者などだ。このとき、筆者は既知のテレビ番組製作会社のディレクターから宮澤氏の著作コピーをいただいた。拓殖大学が東京都立図書館に寄贈した一冊の写しである。

それは80頁ほどで、「第四回アジア競技大会」「第一回新興国スポーツ大会」「第一回アジアGANEFO」に分かれている。従前、ガネフォについては資料が少なく、筆者も資料収集に苦労しただけに、知り得なかった事実が多岐に渡っていることに感慨を深くした。件の「五・一五事件秘史」については、45頁から記述されている。

宮澤氏と黒岩勇

宮澤氏が五・一五事件の黒岩勇の素性を知ったのは、インドネシア在住の拓殖大学OB和田盛雄を訪ねたことからだった。和田氏が「あの人は紀地(三明)ではない。五・一五事件で犬養首相を撃った海軍少尉の黒岩勇が本名だ」と証言。ここから、宮澤氏は紀地三明こと黒岩勇に関心を抱いた。黒岩勇は頭山満(玄洋社)らの庇護の下、満洲から台湾を経てオランダの植民地であったインドネシアに入り、工作活動に従事。和田盛雄とはインドネシアのスマトラで同志として行動していたようだ。

ただ、紀地三明こと黒岩勇は反スカルノ派として日本に強制送還されていた模様。しかし、ガネフォの日本選手団結成で尽力したことがスカルノ大統領の耳に届き、過去の反スカルノ的行動が赦免されたのではと宮澤氏は見ている。

宮澤氏は黒岩勇の真実を知りたく、預けている自身のパスポートを確認したいという口実で密かに紀地三明こと黒岩勇のパスポートを見ている。そこには、黒岩某、紀地三明、そして、もう一つの名前、合計3つの氏名が記載されたパスポートがあったという。

そして、この宮澤氏の行動を察知した紀地三明こと黒岩勇から、「あまり、詮索なさらない方がいいですよ」と声をかけられた。その時、背中に銃口を感じたという。

五・一五事件と農民組合

筆者は「福岡地方史研究会」という60年余の歴史がある研究会に所属している。現在の会長は玄洋社研究の先駆者でもある石瀧豊美氏（頭山満らを塾生として育成した高場乱の子孫）だ。この研究会第61号（花乱社、2023年）には、濱田周作氏が「五・一五事件減刑嘆願運動と農民組合」と題して論文を寄稿している。そこには、九州福岡は五・一五事件についての減刑運動が活発であったと出ている。海軍青年将校１０人のうち７人が九州出身であったことが運動の背後にあると濱田氏はみている。

　この減刑運動の中心は「日本農民組合九州同盟会」（日農九州）であり、その運動を主導する人物は稲富稜人（１９０２～１９８９）。稲富は社会党、民社党の代議士として11期もの長きにわたり国政にあった人だ。日農九州は農民組合でありながら、皇道派、東方会とも連携をとる団体だった。稲富の地盤は九州福岡の筑後地方だ。稲富は「八女教学の祖」と呼称される江碕済《えざきわたる》を尊崇する。江碕といえば、南北朝時代の後醍醐天皇を祖とする南朝に深く関係し、江碕が主宰した私塾「北汭義塾《ほくぜいぎじゅく》」跡には、講義に使用した『大日本史』などが保管されている。壁には塾生の氏名が記されているが、あの真木和泉守の系譜に連なる人々の名前も確認できる。その稲富が中心となる日農九州が五・一五事件での青年将校の減刑運動に動くというのも興味深い。

五・一五事件に関わる石碑を探しに

犬養首相を銃撃したという事から「福岡日日新聞」は手厳しい軍部批判を社説に掲載した。このことで、軍部に対抗する反戦的新聞社という印象がある。しかし、この福岡日日新聞社は、大東亜戦争（太平洋戦争）中に玄洋社系機関紙である「九州日報」と統合となり、現在の西日本新聞社となった。果たして、九州日報では五・一五事件をいかように評価していたのだろうか。そこで、九州日報の清水芳太郎（中野正剛が送り込んだ編集責任者）が編集した『五・一五事件』の冊子を読んでみた。その冒頭、五・一五事件の謀議は昭和5年（１９３０）12月28日、福岡県糟屋郡香椎村香椎温泉旅館で行われたと出ている。調べてみると、香椎温泉旅館の所在地は現在の福岡市東区香椎駅東3丁目になる。まずは、現地を確かめねばと思った。

　福岡市の中心・天神から地下鉄、西鉄（西日本鉄道）を乗り継ぎ「香椎宮前駅」まで行く。改札を出てからは徒歩。一帯は住宅地として開発が進んでおり、時に、行き止まりにも遭遇しながら、上り坂、下り坂を進む。こんな住宅地に、本当に温泉旅館などがあったのかと訝る。目当ての「ラフォーレ香椎」に辿り着くが、ワンルーム・マンション敷地の右手、生け垣の中に「曙のつどい」

と大書された石碑が立っていた。

先述の九州日報が編集した『五・一五事件』では、ここに三上卓、古賀清志、村山格之など十数名が集まったという。なぜ、ここに彼らが集結したのかは不明。ただ、旧官幣大社香椎宮に近く、国防の最前線香椎の地は、神功皇后三韓征伐にまつわる伝説に事欠かない。その故事にちなんでなのか。

従前、陸軍皇道派と統制派の権力闘争が二・二六事件であり、その前哨戦が五・一五事件であると教えられてきた。しかし、海陸軍の訴訟文を読み進むと、ロンドン条約に反発する意思が見え、民の暮らし向きに目を向けない財閥と結託した政党政治家への不満も認められる。果たして、これら昭和維新運動の真髄は正しく現代に伝わってきたのだろうか。疑問は膨らむばかり。碑を目前にして史実を歪曲せずに後世に伝えなければと考えるのだった。

【碑文】

曙のつどい

昭和六年二月　陸海軍将校民間有志十数名ここに会し昭和維新運動曙の一時期を画せるものというべし
その後　あいついで血盟団事件　五一五事件
二二六事件の蹶起をみたるも維新なお成らず　歳を経てここに会せるものも或は逝き或は老いたり　しかれども香椎の森の緑いよいよ濃く昔日の壮心なお留まりてこの地にあり　われ当宿の主として　そのゆかりを愛惜し　ここに一碑を建立し　往年の有志の悲願を記念するとともに　他日の維新開顕を祈願す

昭和四十三年五月十五日　森信夫

菱田倉吉　書

天皇を戴く国
総ての「魔がごと」は、我を通れ（十三）

元衆議院議員
西村眞悟

四方拝の内実

天皇陛下は、即位後に始めて迎える新嘗祭を行う日に、御生涯に一度の「大嘗祭」をされる。そして毎年、元旦の寅の刻（午前四時頃）の漆黒の闇のなかで「四方拝」をされる。大嘗祭も四方拝も秘儀であり侍従長もこれを見ることはできない。

大嘗祭では、皇居内に外から見えないように廻りを囲んだなかに建てられた簡素な悠紀殿と主基殿の中に、夜の闇のなかで、まず、新帝がお一人で入られる。すると、そこに天照大御神が降りてこられる。そこで、新帝は大嘗祭の為に選ばれた悠紀田と主基田から収穫された新米を天照大御神と共に食される。そして次ぎに、新帝は天照大御神と共に同じ布団に横たわって寝られる。この時、新帝は天照大御神と一体になられる。即ち、新帝は天照大御神と一体の「現人神」になられ、天照大御神は、萬世一系の天皇を通して神代から現代まで生き通されることになる。

また四方拝は、天皇陛下が黄櫨染御袍に身を包まれ、皇居の宮中三殿の神嘉殿の南の土の上に設けられた囲いのなかに入られ、まず神宮（伊勢神宮）、天神地祇、神武天皇陵、先帝三代の各陵、武蔵一宮（氷川神社）、山城國一宮（賀茂別雷神社）、石清水八幡宮、鹿島神社、香取神社を参拝され、そのうえで、北に向かわれ属星の名を七回唱えられたうえで、さらに次の呪文を唱えられると教えられている。

毒魔之中過度我身　毒気之中過度我身　毀厄之中過度我身　五急六害之中過度我身
五幣六舌之中過度我身　厭魅之中過度我身　萬病

除癒　所欲髄心　急急如律令
　この天皇陛下が唱えられる呪文は、毒魔は我身を通して悟りに至らせん、毒気は我身を通して悟りに至らせん、毀魅は、我身を通して悟りに至らせん……と念じるもので、これは、この日本の世そして民に起こる総ての嫌なことや酷いことは、総て我身を通れ、我がそれを総て引き受けてこの世と民を護るという呪文なのだ。

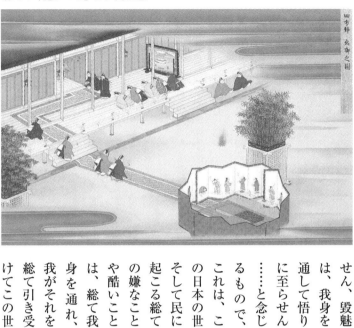

総ての「魔がごと」は、我を通れ

　天皇は「祈るご存在」といわれていることは知っていたが、この四方拝の内実を知ったとき、その凄まじさに驚愕した。我ら民は「魔除け」をする。天皇陛下は、その反対の「魔は我を通れ」と祈られる！
　しかし、本年の正月元旦寅の刻、私はまだ眠っていて、その後、未だ薄暗い時に目覚めたものの、凡庸なる私は、天皇陛下が、はやくも四方拝を厳修されたことを思い浮かべなかった。そして、午後四時十分、車を運転して大阪の枚方市内の信号で停車していると き、大地が揺れているのを感じた。後に帰宅して、その揺れが能登半島沖で発生したマグニチュード7の地震の揺れだったことを知った。
　学生時代、雪の積もる能登半島を野宿しながら一周したことがあり、近年も夏に能登半島を一周して能登半島の地形を知っているので、この地震によって、道路が山岳部やリヤス式海岸部で切断されて各所に孤立集落が生まれ、被災者の救出は困難を極めると予想した。
　この寒中、倒壊家屋に夾まれて身動きができなくなった被災者の救出は、七十二時間が限度だという。そして、この状況で、直ちに孤立集落に、空挺降下し、機材を下ろして被災者救出活動を展開できる能力があるのは、陸上自衛隊の習志野に駐屯する第一空挺団だけであろうと思った。しかし、首相官邸には、首相以下真っさらの防災服を着た者の群がいるだけで、日が改まった二日も、自衛隊習志野空挺団を動かす気配はなかった。

新年一般参賀中止の意味するもの

ところが、この官邸とは違い、宮内庁は、直ちに、天皇陛下が、正月二日に、皇居において一般国民から新年の祝賀を受けられる「新年一般参賀」を、能登半島地震の被害の状況に鑑み中止する旨発表したのだった。この時、私の中を感動の思いが走り五体を揺さぶった。「新年一般参賀中止」は、天皇陛下の御意向によるものであると直感したからだ。

天皇陛下は、元旦寅の刻、四方拝において、総ての「魔がごと」は、我を通れと祈られた。しかし、その十二時間後に、能登半島の民を震度7の地震が襲った。陛下は、何の顔《かんばせ》ありて翌二日に国民から参賀を受け得られようか、と思われたのであろう。そして、やはり、陛下は「古の天皇に連なる名君」であられるとしみじみ思う。何故なら、第十六代天皇である仁徳天皇御陵の近くで育った私は、仁徳天皇の「百姓《おほみたから》の富めるを喜び給ふの詔」の次の一節を思い出したからだ。

「古の聖王《ひじりのきみ》は、一人も飢え寒《こごゆ》れば顧みて身を責む」。

また明治天皇も「五箇条の御誓文」と同時に発せられた「國威宣布の宸翰」において、

「今般朝政一新の時にあたり、天下億兆、一人も其の處を得ざる時は、皆朕の罪なれば、今日の事、朕、自ら身骨を労し心志を苦しめ、艱難の先に立、古列祖の盡させ給ひし蹤を履み、治績を勤めてこそ、始めて天職を奉じて、億兆の君たる所に背かさるへし」

と言われ、さらに昭和天皇は、「大東亜戦争終結の詔書」において、次の通り言われた。

「帝国臣民にして、戦陣に死し、職域に殉じ、非命に斃れたる者及其の遺族に想を致せは、五体為に裂く」

これら歴代天皇の詔は、天皇と民は、「統治者と被統治者の関係」ではなく、「一つの家族」という前提から発せられたものである。そして、我々は能登半島の人々の苦難の日々の報道が続く中で、二月十一日の建国記念日（紀元節）を迎え、私は橿原神宮に参拝した。

天照大御神は「天壌無窮の神勅」を発せられ、「豊葦原の瑞穂國」を「爾皇孫《いましすめみま》就きて治《しら》せ」と命じられた。「しらす」とは「皇孫と民が自他の区別が無くなって一つになること」である。この神勅を受けた神武天皇は、日本の肇國を宣言する詔を橿原において発せられ、「八紘《あめのした》を掩《おほ》ひて宇《いへ》と為す」（八紘為宇）と宣言されたのだ。従って、天皇と民が、一つの家族のように一体なのは、神話の世界から連続する「邦家萬古の伝統」であり、我が國の「不文の憲法」の中枢である。神話の世界に発する憲法をもつ近代国家が我が国以外の何処にあろうか。

イギリスの「不文の憲法」の中核は一二一五年の「マグナ・カルタ」という専制的なジョン国王に対する貴族の権利獲得闘争の成果である。しかし、我が國の「不文の憲法」の中核は太古の神話に発する「天皇と民が一つの家族であるという確認」なのだ。我々は、神話に発する憲法が、今も生きている日本の国民である幸せを自覚しなければならない。

八紘一宇と世界連邦～理想と現実の間で❷

世界連邦とは如何なるものか？

亜細亜大学非常勤講師
金子宗徳

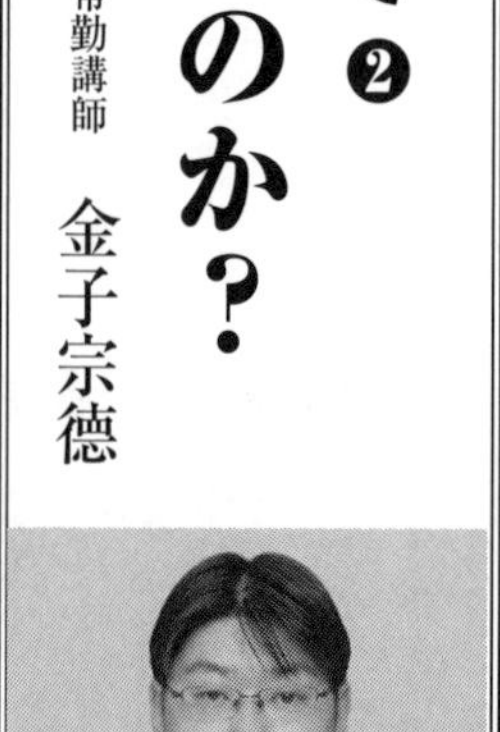

大西洋憲章から「国際連合」の成立へ

「連邦」とは、複数の国（州）が一つの主権の下に結合して形成する国家形態で、アメリカ合衆国や旧ソビエト社会主義共和国連邦に代表される。『宇宙戦艦ヤマト』や『機動戦士ガンダム』などのＳＦアニメでは、地球上の全国家を統一して全人類を統治する「地球連邦」の構成員たる主人公が「敵」と壮絶な戦闘を繰り広げてゐるが、「世界連邦」とは如何なるものとして構想されたのか。

独ソ戦が勃発し、西欧での戦争が東方に拡大した直後の一九四一年八月、アメリカのフランクリン・Ｄ・ルーズベルト大統領とイギリスのウィンストン・チャーチル首相がカナダ沖の大西洋上で会談し、その合意内容を「大西洋憲章」として発表した。

その第八項に「両国ハ世界ノ一切ノ国民ハ実在論的理由ニ依ルト精神的理由ニ依ルトヲ問ハス強力ノ使用ヲ抛棄スルニ至ルコトヲ要スト信ス。陸、海又ハ空ノ軍備カ自国国境外ヘノ侵略ノ脅威ヲ与エ又ハ与ウルコトアルヘキ国ニ依リ引続キ使用セラルルトキハ将来ノ平和ハ維持セラルルコトヲ得サルカ故ニ、両国ハ一層広汎ニシテ永久的ナル一般的安全保障制度ノ確立ニ至ル迄ハ斯ル国ノ武装解除ハ不可欠ノモノナリト信ス。両国ハ又平和ヲ愛好スル国民ノ為ニ圧倒的軍備負担ヲ軽減スヘキ他ノ一切ノ実行可能ノ措置ヲ援助シ及助長スヘシ」とあり、これに基づいてドイツ敗北直前の一九四五年四月二十五日、五十ヶ国からなる連合国

代表がアメリカのサンフランシスコに集まり、「国際連合」が結成された——これにポーランドを加えた五十一ヶ国が原加盟国とされる。

「国際連合」の抱える矛盾

それから八十年あまり、今や加盟国は一九三ヶ国に及び、非加盟国はヴァチカン市国や台湾（中華民国）など僅かだ。にもかかわらず、世界各国は「強力ノ使用ヲ抛棄スルニ至」ってはいない。それどころか、ウロ事変・ガザ紛争・台湾有事などに見られる通り、「陸、海又ハ空ノ軍備カ自国国境外ヘノ侵略ノ脅威ヲ与エ又ハ与ウルコトアルヘキ国」が引きも切らない。

大西洋上で会見中のルーズベルト（手前左）とチャーチル（手前右）

「国際連合」は、こうした加盟国の武力侵略に対抗する手段として「集団的安全保障方式」を採用した。これは、勢力均衡論に基づく同盟政策が第一次世界大戦の遠因になったという認識に基づき、「国際連盟」において採用される。だが、「国際連盟」における制裁は非軍事的なものに限られており、それゆえ第二次世界大戦を防ぐことが出来なかったという反省を踏まえ、「国際連合」においては軍事的制裁の発動という選択肢も認められた。

こうした制裁を具体的に決定するのは、総会ではな

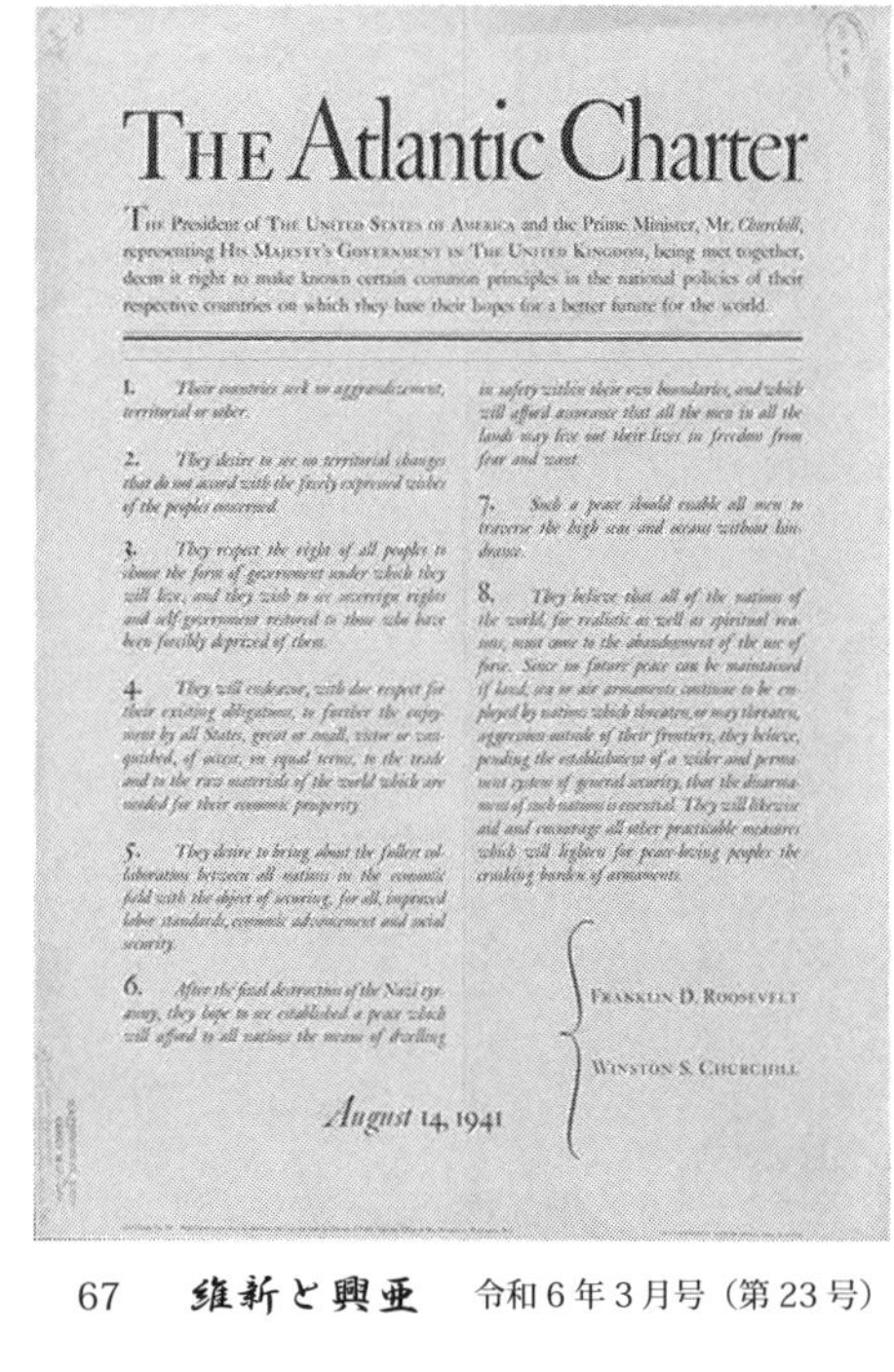

THE Atlantic Charter

THE President of THE UNITED STATES OF AMERICA and the Prime Minister, Mr. *Churchill*, representing HIS MAJESTY'S GOVERNMENT IN THE UNITED KINGDOM, being met together, deem it right to make known certain common principles in the national policies of their respective countries on which they base their hopes for a better future for the world.

1. *Their countries seek no aggrandizement, territorial or other.*

2. *They desire to see no territorial changes that do not accord with the freely expressed wishes of the peoples concerned.*

3. *They respect the right of all peoples to choose the form of government under which they will live; and they wish to see sovereign rights and self-government restored to those who have been forcibly deprived of them.*

4. *They will endeavor, with due respect for their existing obligations, to further the enjoyment by all States, great or small, victor or vanquished, of access, on equal terms, to the trade and to the raw materials of the world which are needed for their economic prosperity.*

5. *They desire to bring about the fullest collaboration between all nations in the economic field with the object of securing, for all, improved labor standards, economic advancement and social security.*

6. *After the final destruction of the Nazi tyranny, they hope to see established a peace which will afford to all nations the means of dwelling in safety within their own boundaries, and which will afford assurance that all the men in all the lands may live out their lives in freedom from fear and want.*

7. *Such a peace should enable all men to traverse the high seas and oceans without hindrance.*

8. *They believe that all of the nations of the world, for realistic as well as spiritual reasons, must come to the abandonment of the use of force. Since no future peace can be maintained if land, sea or air armaments continue to be employed by nations which threaten, or may threaten, aggression outside of their frontiers, they believe, pending the establishment of a wider and permanent system of general security, that the disarmament of such nations is essential. They will likewise aid and encourage all other practicable measures which will lighten for peace-loving peoples the crushing burden of armaments.*

FRANKLIN D. ROOSEVELT
WINSTON S. CHURCHILL

August 14, 1941

く安全保障理事会である。同理事会は、五ヶ国の常任理事国（アメリカ・イギリス・フランス・ロシア・中国）と十ヶ国の非常任理事国（任期二年、地域ごとに選ばれる）からなり、前者には拒否権が与えられている。前者のうち一ヶ国でも反対すれば、「国際連合」は加盟国に軍事的制裁への協力を求めることはできない。「一国一票」という美名とは裏腹に、各国家の究極的な存立は常任理事国の胸先三寸で決まる不公正な構造になっているのだ。その上、この常任理事国は核拡散防止条約により核兵器の保有が認められている。

つまり、現在の「国際連合」は核大国優位の構造となっており、主権国家の対等な連合体とは言い難い。さらに、田中正明が『世界連邦　その思想と運動』（平凡社・昭和四十九年）で述べる通り、「この（集団的安全保障方式に基づく「国際連合」の——金子補足）体制は、武装国家間の対立をそのまま前提とし、ただ力関係で違反国を懲戒しようというもので、……平和を維持するという名のもとに戦争を行わればならない自己矛盾を、本質的に含んでいる」のだ。

この事実を踏まえ、田中は続ける。

……小国にはこの強制措置の発動という威嚇は効果的かも知れないが、大国や大国の支持を受けている国家を対象とする場合には、世界大戦に発展する危険を避けることはできない。このような、平和の名において戦争を行わざるを得ないという自己矛盾は、原子力兵器が用いられる現代戦の下においては一層深刻である。

……現在の国連の下においては、いずれの国も、最後には自国の武力に依存するほかはないのであるから、いつまでたっても戦争準備をやめるわけにはゆかない。従って、戦争の不安はつねにつきまとい、敵に対する猜疑と不安はさらに軍拡を刺戟するといった悪循環が果てしなく続くわけである。

現代の世界情勢を見るにつけ、その通りと云わざるを得ない。

「世界政府」とは？

こうした「集団的安全保障方式」を採用した「国際連合」の限界を如何にして突破するか。

この問いに対し、「世界連邦」論者たる田中は次のように答える。

……世界政府に主権を認め、それに武力を委ねる以外に、戦争を根絶し、平和を維持する方法がない。これが世界連邦論者の考え方である。

かわぐちかいじ

各国家が戦争を行う権利と能力を有する限り戦争はなくならないのだから、それらを世界政府＝「世界連邦」に委ねればよいという考え方だ。

この発想は、かわぐちかいじが『沈黙の艦隊』で主人公・海江田四郎に語らせた「政軍分離」・「世界政府設立」構想構想に類似している。とは言え、彼が「世界連邦」思想に触れていたかは不明だ。

それはさておき、「世界連邦」が成立した暁には、各国は「世界連邦」の主権の下に置かれた自治体ということになる。各国の軍隊は廃され、その構成員や装備は「世界連邦」直轄軍の指揮下に置かれる。各国の治安維持は主として警察が担うけれども、アメリカの州兵に倣った組織を設けることも想定されよう。現在、アメリカの州兵は災害救援を主たる任務の一つとしているが、それに特化した組織としてもよい。

戦争を根絶するという点からは単純明快かつ大胆な提案であるが、国家が主権を放棄するということは「国民国家の原理」を否定するということであり、そこが「世界連邦」の展開において最大の障碍となったように思われる。

直心伝―ある武道精神と日本人　第三回
儒教と武士道

『宗教問題』編集長　小川寛大

封建制と実力主義

江戸時代とは、徳川将軍家を頂点とした封建的階級社会であり、しかもその権力は世襲で継承されていく、〝実力主義〟とはほど遠い世界であった――。このような話は、日本史について解説する本や雑誌記事などに非常によく登場するもので、また決して間違った話でもない。しかし、そうした江戸時代なる社会が到来した根本に、よく目を向けなくてはならない。

江戸時代とは、究極の実力主義社会であった戦国時代の競争の結果に成立したものである。徳川将軍家や譜代大名が威張っているのも、外様大名が不遇をかこっているのも、すべては戦国時代の勝敗の結果なのであり、その厳然とした〝階級社会〟には、ちゃんとそうなっただけの意味がある。

この、「根底は戦国時代の実力主義なのだが、それを世襲で引き継いだ人々は、特に実力を発揮したわけではない」という状況が、どのような文化を生むのかは、ある意味で明白である。江戸時代とは、日本人の先祖崇拝が特に強化された時代だった。

本多正信という戦国武将がいた。昨年のＮＨＫ大河ドラマ『どうする家康』でも、重要な登場人物として描かれた、徳川家康の側近である。そんな偉大なる歴史人物の本多正信だが、彼の墓、つまり遺骨がどこにあるのかは、実ははっきりしていない。理由は、本多正信が熱心な浄土真宗の信者だったことによる。

浄土真宗とは、阿弥陀如来の大いなる慈悲心によって、すべての人間は極楽浄土に往生できるとする宗教である。つまり人間の救済とは、阿弥陀如来の前にすでに確定している事項なのであって、立派な墓を建てるとか、ましてやそれを子孫に拝ませるとか、そういうことは「人間がいかに生きるか」の本質とは、特に関係がない。だから浄土真宗の信者にして、「自分の墓をどう建てるのか」といったことに特段の関心を払わなかった本多正信という人物のこの感覚は、宗教的にはそうおかしなものでもない。そして浄土真宗とは日本の伝統仏教のなかでの最大派閥であり、決して〝マイナーな珍宗教〟などではない。

しかしそうは言っても、本多正信とは初期の徳川幕府を支えた最重要人物と言っていい存在である。そういう人物の墓がどこにあるのか、まったくわからない。それはつまり、彼が亡くなった際、周囲の人々も「本多正信の立派な墓」を作ろうなどということに、特段の気が向かなかったことは示しているのだろう。江戸時代以前の空気のなかに生きた日本人の、先祖崇拝というものに対するとらえ方が図らずも表れているのが、この「存在しない本多正信の墓」という問題でもあろう。

さて、江戸幕府は官学として、儒教の朱子学を定めた。儒教は確かに日本には5世紀ごろから伝来し、例えば鎌倉時代から室町時代にかけては、「五山文学」などとして、禅宗寺院のなかで学ばれていた教えである。しかし、それがきちんと独立した規範、概念として世に受け入れられるようになっていくには、林羅山や藤原惺窩といった、本式の儒者たちが現れる江戸時代初期を待たねばならず、その大きな転換点が、前述した幕府による朱子学の官学採用であった。

さて、儒教とは何か。これはあまりに深淵にして広大な問いだが、一般の人々にも、それが「仁義礼智信」によって構成される、「五常」の徳目を説いたものという認識はあるだろう。そこから、君主への忠義、親への孝行といった話の重要性が説かれたのであり、江戸幕府はそれを、自身の封建支配体制の強化に大いに利用した。

一方で世の中には、「儒教とは果たして宗教なのか」という、実にややこしい議論がある。この儒教というものについては、あくまで社会の規範や為政者の心構えを説いた道徳であり、宗教ではないとする説と、いや、これもまた立派な宗教なのだとする説が、大昔からさまざまな人々によって立てられてきて、非常にやかましい論争を喚起してきた事実があるのだ。いまここで、その「儒教は宗教であるのか否か」について回答めいたことを書くのは蛮勇に過ぎる。しかし、「儒教は宗教である」との説をとってきた多くの人々が指摘するのは、儒教の持つ祖先崇拝の気風である。

孝という宗教

すでに見たように、儒教は「孝」の精神を重んじる。孔子には「親に事へて孝なれば、故より忠をば君に移す可し。是を以て忠臣を求むるには必ず孝子の門に於てす」(『孝経』)との言葉もあり、孝は忠と一体にして、その土台をなすものでもあった。ただ、この孝という問題、日本ではもっぱら「おじいさん、おばあさんに親切にしましょう」といったような文脈のみで語られている印象が強い。もちろん、祖父母に親切にするのは立派な話だが、「儒教とは何か」という観点で見た場合、孝とはそんな簡単な問題ではない。

当たり前の話だが、すべての人間には親がいる。その親にも親(祖父母)がいて、さらにその親にも親(曽祖父母)がいる。この大昔から連綿とつながる、言ってみれば生命のリレー全体を意識することが、儒教、さらに言えば中国文明的な「孝」の概念である。そういう連綿たる生命のリレーを意識したうえで、自身と数多いる祖先たちを有機的に一体視する意識を養い、祖先たちの祭祀を欠かさないこと。これが儒教の説く孝なのだ。無論、その生命のリレーを、今に生きる自分で終わらせてしまうことは許されない。ゆえに結婚して円満な家族を形成し、また子供にその生命のリレーを引き継がせること、そこまで含めての「孝」であり、そうすることで、宗族(中国では父系の一族集団と考える)全体に幸福がもたらされる。それが〝宗教としての儒教〟のあり方なのである。

現在、日本の家庭の仏壇の多くには、亡くなった親族の位牌が安置され、日本人はそれを日々拝み、祖先の霊を弔っている。しかし、あの位牌というのは儒教において用いられていた「神主」というものが変化し、日本仏教のなかに持ち込まれたもので、そもそも仏教に、ああした木の板をまつって先祖崇拝をする教義はない。そもそも仏壇とは、自分たちが信仰する仏教宗派の教義に基づいた仏像などを安置し、その前で仏教徒として読経などを行う「修行の場」であって、本来的には「先祖崇拝の祈りをささげる場」ではない。

また、毎年の夏に行われる「お盆」という先祖供養行事も、日本仏教のなかでは「盂蘭盆経」という仏教経典の記述をもとに行われてきたものとの説明がよくなされるが、実際には中国の「中元」という、夏に行われる先祖供養行事の影響のもと成り立ったという説が有力視されている。ここにはまず道教の影響があって、さらに前述の「盂蘭盆経」自体が、儒教の思想の影響のもと、流布されてきたとの意見もある。

かくなるように、〝儒教という宗教〟の根本とは、孝の重視と、それに密接にからむ祖先崇拝思想である。

また儒教の徳目として掲げられ、江戸幕府も武士の倫理として称揚した「忠孝」だが、中国においては明確に忠より孝が優先された。先に引いた孔子の「忠臣を求むるには必ず孝子の門に於てす」の言葉自体が、忠のベースは孝であるとの認識にあるものだ。

儒教の経典『礼記』には、「君に過ち有れば則諫め、三度諫めて聴かざれば去るべし」とある。君主に間違いがあれば臣下は諫めるべきだが、3回諫めて聞き入れられなかったら、その君主のもとから去れと言っているのである。

しかし、親と3回意見が相違したからといって、その血のつながりからどう去ればいいのか。実際に礼記は、「子の親に事うるや、三たび諫めて聴かざれば、則ち号泣して之に従う」と説く。

このような、祖先崇拝にもとづいた〝儒教という宗教〟は、的一体感醸成を根底においた宗族全体の有機裏を返せばわかることだと思うが、親より早く死ぬ者、また子供を残せない者などを、不孝者として厳しく糾弾する風潮を生んだ（それは単に親に対する態度が冷淡だといったこと以上に、厳しく問われた）。孝とは実は、単に「老親に優しくしましょう」と言ったような問題ではなく、宗族の無難な継承を前提視した上での、かなりな減点方式で計られる徳目でさえあったのだ。

こういう〝儒教という宗教〟が、江戸時代以降の武士の倫理観の根底には、強固に差し込まれることとなった。それが、いわゆる「武士道」にも多分に影響していくことになる。

石原莞爾とその時代⑤
石原が天才である理由

哲学者　山崎行太郎

石原莞爾は天才的軍人だと言われている。ほとんどの人がそう思っていると言って間違いない。しかし、その天才性の根拠や起源について論じたものはあまりいないようにみえる。何故か。それは、《天才的軍人》という言葉が、石原莞爾を語る人々の脳内を一人歩きしているからではないか。満洲事変において天才的な軍事的成果をあげたとか、東京裁判法廷において、大胆不敵な言動をくりひろげたとか。しかし、そういうことはエピソードの一種にすぎない、石原莞爾の《天才的軍人》神話のなかの天才性の根拠や起源には、なりえないと、私は思う。

石原莞爾が《天才的軍人》と呼ばれることになったのは、『最終戦争論』を書いたからである（厳密には講演記録）。

さて、『最終戦争論』を冒頭から読んでいく限り、《天才的軍人》の片鱗は、どこにも見えてこない。西欧の戦争の歴史を、決戦戦争と持久戦争とに分類し、ギリシャ、ローマの時代から現代まで、戦争史を論じている。石原莞爾が、よく勉強していることはわかるが、それ以上のものではない。冒頭の文章をよんでみよう。

《戦争は武力をも直接使用して国家の国策を遂行する行為であります。今アメリカは、ほとんど全艦隊をハワイに集中して日本を脅迫しております。どうも日本は米が足りない、物が足りないと言って弱っているらしい。もうひとおどし、おどせば日支問題も日本側で折れるかも知れぬ、一つ脅迫してやれというのでハワイに大艦隊を集中しているのであります。つまりアメリカは、かれらの対日政策を遂行するために、海軍力を盛んに使っているのでありますが、間接の使用でありますから、まだ戦争ではありません。》（『最終戦争論』）

ここに、何か、目を引くような言葉や言い回しがあるだろうか。日米戦争前夜の話で、私の眼から見ると、極めて平凡・凡庸な言葉や言い回しの連続にすぎない。天才的軍人の片鱗さえ見えない。では、次に出てくる「最終戦争」という概念についてはどうだろうか。最終戦争とは、文字通り、最後の戦争ということであろう。さらに読み進めていくと、「最終戦争」に続いて「世界統一」が問題になっている。私は、ここらあたりから、石原莞爾らしさが現れ始めるように思われる。それは、何かと言えば、やや宗教的な雰囲気が、漂い始めるからだ。要するに、最終戦争という概念は、科学的思考の産物というより、宗教的思考の産物であるようにみえるのだ。つまり「終末論的思考」の産物ようにみえるのだ。それも、キリスト教的終末論なら、ありふれているかもしれないが、石原莞爾の終末論的思考は、明らかにキリスト教的終末論ではない。石原莞爾は、驚くべきことに、「最終戦争」「世界統一」に続いて、「仏教の予言」を論じている。仏教の予言といっても、一般的な、概論的な仏教の予言の話ではない。日蓮や日蓮宗の話に特化されていくのだ。私は、ここに来てはじめて、石原莞爾は平凡・凡庸な軍人ではなく、《天才的軍人》なのではないか、と思い始めるのだ。石原莞爾は、『最終戦争論』の結論部分で、書いている。

《今度は少し方面を変えまして宗教上から見た見解を一つお話したいと思います。非科学的な予言への、われわれのあこがれが宗教の大きな問題であります。しかし人間は科学的判断、つまり理性のみを以てしては満足安心できないものであって、そこに予言や見通しに対する強いあこがれがあるのであります。今の日本国民は、この時局をどういうふうにして解決するのか、見通しが欲しいのです。予言が欲しいのです。ヒットラーが天下を取りました。それを可能にしたのは、ヒットラーの見通しであります。》(同上)

これは、『最終戦争論』の余談でも雑談でもない。読者(聴衆)へのサービスとしての放言でもない。『最終戦争論』の結論部分である。石原莞爾が言いたかったことは、ここにある。さらに次のような言葉もある。

《仏教、特に日蓮聖人の宗教が、予言の点から見て最も雄大で精密を極めたものであろうと考えます。》(同上)

ここまで来ると、石原莞爾の『最終戦争論』の基本哲学が、日蓮と日蓮宗の宗教哲学に依拠していることが、わかる。石原莞爾や『最終戦争論』をもてはやす人たちのなかの何人が、この事実を知っているだろうか。私は疑問に思っている。もちろん、私は、日蓮や日蓮宗に嫌悪感を持ち、毛嫌いしているわけではない。むしろ、私は、石原莞爾を通じて、日蓮や日蓮宗に興味を持った。私が、言っているのは、石原莞爾や『最終戦争論』をもてはやす人たちの何人が、このことを自覚しているか、という一点だけである。

少し視点を変えてみよう。私は、読書法を小林秀雄に学んだ。小林秀雄は、推奨すべき読書方法として、気に入った一人の作家や思想家が見つかったら、その作家や思想家の日記や断片的雑文まで、すべて読め、と言っている。《広く浅く》ではなく、《狭く深く》……ということだろうか。私は、小林秀雄の教えを信じて、そうするようにしている。《広く浅く》ではなく、《狭く深く》……。石原莞爾の話で言えば、《天才的軍人》という言葉にこだわる読者は、石原莞爾を、表面的にしか読んでいないのではないか、と思われる。つまり、《広く浅く》読んでいるから、《天才的軍人》という言葉が、先入観として頭から離れないのである。何故、石原莞爾は、他の軍人たちと違って、わざわざ《天才的軍人》と呼ばれることになったのか、その根拠や起源に思考が及ばないのである。逆に言えば、そういう読者は、天才的軍人という言葉を盲目的に信じ込んでいて、その根拠や起源などに興味ないのかもしれない。私は、そういう読書方法に疑問を持つ。たくさん本を読んでも読んだことにはならないのではないか、と。

私は、以前から、石原莞爾の『世界最終戦争論』は知っていたが、読むチャンスがなかった。読んでみたいとは思っていたが、読まなければならないとは思わなかったのだ。私が、石原莞爾を読みたいと思ったのは、『維新と興亜』の編集長の坪内隆彦氏の、《王道アジア主義》の思想家としての石原莞爾を論じた『石原莞爾論』を読んだ時である。私は、この時、強烈に、石原莞爾の古典的名著『最終戦争論』を読みたいと思った。そして、文庫本を手に入れて、読んでみた。予想通り、私にとって、大事な、貴重な本だった。

ところで、私は、今、福田和也氏の石原莞爾伝とも言うべき『地ひらく―石原莞爾と昭和の夢』という文春文庫で二冊の大著を読んでいる。一応、『石原莞爾とその時代』を連載するにあたって、参考資料になるだろうと思って買い求めたが、しかし今日まで読まずに本棚にしまい込んでいた本である。私が、今、読んでいるのは、前後二冊の文庫本のうちの後半の部分である。そこには、石原莞爾の最晩年の大事件である《東京裁判》や《西山農園》のことが描かれている。しかし、石原莞爾の代表作である『最終戦争論』に関する読み込みが、中途半端であるように、私には見える。私は、石原莞爾論も石原莞爾伝も『最終戦争論』に始まり、『最終戦争論』に終わると思っている。福田和也の『地ひらく―石原莞爾と昭和の夢』には、とりわけ日蓮や日蓮宗、あるいは国柱会に関する分析と考察が足りないのではないか、と。

たとえば、東京裁判における石原莞爾の奇抜な発言の場面がある。当時、膀胱炎で重篤な状況だった石原莞爾は、酒田市の酒田商工会議所に設置された東京裁判臨時法廷に呼び出され、そこで尋問を受けることになったが、福田和也がは、次のように書いている。

《開廷した直後判事から、「尋問に先立って何か云うことはばいか」と問われて、「自分が、なぜ戦犯にされないのか、まったく腑に落ちない」と云いはなって、一座を唖然とさせた。》(福田和也『地ひらく』)

「自分が、なぜ戦犯にされないのか、まったく腑に落ちない」……。なかなか、ふてぶてしい辛辣な言葉だ。しかし、私は、こういう言葉(対話)には《唖然》としない。むしろ、なにか、芝居がかった作為的な、幼児的なものを感じて、興醒めする。石原莞爾は、自分が《戦犯》にならなかったという結果論を前提にした上で、この暴言を放っている。しかも場所が、多くの注目を浴びていたとはいえ、市ヶ谷の東京裁判の軍事法廷ではなく、酒田市の臨時法廷である。私は、こういう奇抜な放言に接して、しきりに石原莞爾を、単純素朴に偶像崇拝する連中に追随して、絶賛する気にはなれない。しかし、それでもなお、私も、石原莞爾はタダモノではなかったとは思う。私は、単純に神話化し、偶像崇拝する前に、それを言わしめた石原莞爾という軍人の内面と思想に興味を持つ。石原莞爾とは何者だったのか、と。

ワン・ワールド経済からの脱却⑤

賭博経済の撲滅

祖国再生同盟代表・弁護士　木原功仁哉

円安からの脱却

令和6年は、1月1日から能登半島大地震、翌2日には羽田空港航空機衝突事故と、新年早々大きな災害・事故が相次ぐなど、衝撃的な年明けとなった。

政治面では、1月の台湾総統選で民進党・頼清徳が当選し、これにより中共の対台圧力が高まることは必至である。そして、11月にはアメリカ大統領選でトランプ前大統領が返り咲く可能性があり、日本でも今年中に衆院解散・総選挙が予想される。

本年は政治的に出入りの激しい年であるが、どの政治家・政党が政権を執ろうとも、現在の経済の本質的課題を認識し、政治との一体的な解決を図らない限り、市井の生活が改善する見込みはない。

まず、我が国の喫緊の政治経済問題といえば円安である。令和4年以来の円安基調（1ドル140円台）が転換する兆しはまったく見えない。円安の結果、食料・エネルギーの自給率が極端に低い我が国は、すべての生産コストが上昇して物価の上昇に繋がっている。

市井の生活が、もはやコントロール不可能な為替相場の動向にゆだねること自体が政治の明らかな失敗であるのに、こうした経済の根本的な問題に切り込む政治家は極めて少ない。

唯一、この問題に真正面から取り組もうとした結果、政治生命を絶たれて非命に斃れたのが中川昭一であった。すなわち、平成20年8月のリーマン・ショックの直後に成立した麻生太郎内閣で財務大臣に任命された中川は、かねてから度重なる円高時に円安誘導のために購入を余儀なくされた大量の米国債を処分する方法を模索していたところ、平成20年のリーマン・ショック後に、ＩＭＦ（国際通貨基金）に対して新興・中小国向けの新たな緊急融資制度を設けることを提案し、我が国が保有する米国債１０００億ドル（9兆２０００億円）を原資としてＩＭＦに融資する旨を表明した（中川構想）。この中川構想に基づく制度は各国から高い評価を受けた。そして、ウクライナ、ベラルーシ、パキスタンが、緊急融資を受けることで救済されたのである。これは、我が国が購入を余儀なくされて〝塩漬け〟となっていた大量の米国債を円に換算することなく処分したという稀有な例であり、しかも、これによって我が国が国際社会に多大な貢献を果たすことができた。

しかし、中川は、平成21年2月のＧ7財務相・中央銀行総裁会議が終了した後の記者会見で、朦朧としてろれつが回らない状態に陥り、これが世界中で報道され、3日後に財務相辞任に追い込まれた。さらに、同年8月の衆院選に落選し、同年10月の自殺へと至る。総理総裁の最有力とみられていた絶頂から奈落の底に追い落とされた中川に何があったのだろうか。報道では、酒と風邪薬を一緒に飲んだなどと報じられたが、飲んだ酒の量は少量であり、これによって風邪薬の顕著な副作用が出るとは考えにくい。それゆえ、何者かが中川が昼食に飲んだワインに薬物を投入したとしか考えられないのであるが、その黒幕の一人として挙がるのが、ロバート・ゼーリック世界銀行総裁（Robert Bruce Zoellick）である。

ゼーリックは、デヴィッド・ロックフェラーの直臣とされる。国際金融資本は、我が国による米国債の大量処分という「パンドラの箱」を開けた中川を何としても排除しておく必要があったのである。

もし、中川が現在の総理大臣であれば、間違いなく米国債を売却して円安を抑制させるとともに、1ドル80円台の時代に購入した米国債を１４０円台の今こそ売却して、その巨額の為替差益を円安で苦しむ国民に分配しているであろう。

なお、中川は、私が唱える眞正護憲論（帝国憲法が現在も有効であり、占領憲法は講和条約の限度で有効にすぎないとの説）の熱烈な支持者であった。中川が失脚のやむなきに至ったことは、我が国にとって大きな損失であった。

国際金融資本による支配

そして、世界的な政治経済問題の最たるものは、国家を凌ぐ富を持つ大富豪が政治的影響力を行使する極端な〝格差社会〟である。平成29年の時点では、世界の大富豪8人（マイクロソフト創業者ビル・ゲイツなど）の資産が世界の富の50％を占めているという経済格差が生じていた。

さらに、昨年までのコロナ禍で在宅勤務（テレワーク）が一般的になった結果、巨大IT企業であるGAFA（Google、Apple、Facebook、Amazon）がさらに富を増殖させ、格差はさらに拡大している。

そして、富豪たちのトップに君臨しているのは、トランプ前大統領も指摘したDS（Deep State）と呼ばれるロックフェラー財閥、ロスチャイルド財閥ら国際金融資本である。

「私に一国の通貨の発行権と管理権を与えよ。そうすれば、誰が法律を作ろうと、そんなことはどうでも良い」と語ったのは、ロスチャイルド財閥の礎を築いたマイヤー・アムシェル・ロスチャイルド（1744～1812）である。

この発言は、通貨発行権が「打ち出の小槌」そのものであることを物語っている。つまり、日本の一万円札を例にすると、製造コストは1枚あたり22～24円とされているので、日本国政府から紙幣の発行権を無償で付与されている日銀は、一万円札を1枚発行するごとに9970円余りの利潤を生み出す。このような「錬金術」のシステムに基づく富の増殖を、ロスチャイルドの初代の教えに従って末裔たちが忠実に実行し、FRB（連邦準備制度理事会）を設立して巨大な利権を手に入れたのである。

日本も、国際金融資本の影響下にあったイングランド銀行の猿真似をして、明治15年に日本銀行を設立したが、日銀株式の55％は日本政府が有しているが、あとの45％は非公表であり、実際は国際金融資本が握っているとみられる。そして、国際金融資本は、通貨発行権という「打ち出の小槌」を絶対に手放そうとせず、自分たちに逆らおうとした政治家はことごとく暗殺されるか政治生命を絶たれてきた。

アメリカのジョン・F・ケネディ大統領は、政府が大量に保有していた銀による銀本位制を実現させることによりFRBから政府に通貨発行権を返還させせようとして、1963年に大統領令11110号を発出したものの、同年に暗殺された。そして現在はMMT理論などにより管理通貨制度が正当化され、際限なく通貨が発行できる世界になっている。

国際金融資本などの富豪たちは、不動産や株式などを大量に所有して、証券取引所や商品取引所(原油・穀物など)でさらに富を増殖させ、世界中の政治家を意のままに操ることで政治的・経済的に世界を牛耳ってその傲慢さを加速させている。

証券取引所、商品取引所、そして為替市場は、もはや投資家と称する〝賭博師〟たちによる利ざや稼ぎの場(賭博場)と化してしまった。それが、金融経済の規模が実体経済の規模をはるかに凌駕する状況に繋がっているのであり、一巨大投資家の資金の出し入れによって相場が乱高下して経済が大混乱に陥る可能性を排除できず、これによって市井の生活が脅かされる経済システム自体が問題なのである。

そして、国際金融資本の走狗となったビル・ゲイツは「世界の人口が増えすぎたら食糧危機になる。ワクチン接種により人口を10~15%削減させることができる。」(平成22年発言)などと述べ、若い人を不妊症や無精子症にさせるためのワクチンを開発し、普及させているのである。

賭博経済の撲滅

このように、国際金融資本や富豪たちの横暴によって私たちの財産のみならず生命・健康までもが脅かされるという状況は、一刻も早く転換させなければならない。

そこで、「賭博経済の撲滅」のため①証券取引所・商品取引所の閉鎖、②貿易決済などの実体経済以外の為替取引の禁止、③日銀を解体し、通貨発行権を国に返還させる、④金融・財政政策の一体化による国家財政の健全化、を実現させ、我が国を国際金融資本による政治的・経済的影響を受けない真の独立国にさせることが必要なのである。

国家社会主義者宣言⑤

日本的所有権とは皇産分用権である

奈良県御所市議会議員　杉本延博

歴代天皇の詔勅を奉戴せよ②

はじめに日本経済の現状をみてきたい。一人あたりのＧＤＰ（国内総生産）は31位（令和４年）。かつて90年代は、世界２位で裕福な国家だったのに。いつのまに凋落してしまったのか。

各国の平均年収を比べてみても日本（４０８万円）とアメリカ（７３４万円）では、約倍の差となっている。また最低賃金水準（２０１９年）では、トップのオーストラリア（１３６５円）と日本（８６８円）でも、かなりの差が生じている。

平成初期のバブル経済崩壊以降、30年間、勤労者の給与が上らない。消費税が３→５→８→10％と増え続けた。消費増税、緊縮財政の展開、長期デフレの影響などが、日本社会の停滞状況を招いた一因であるといえよう。

こうした日本国内の不安定状況に付け込まれて、外国資本の手によって、国土が爆買いされたり、都会の物件買占めや企業買収も行われている。

ここ数年の物価高。毎月何かの値が上がっている。一方では、幾ら働いても収入が増えない。一日３食を２食に減らしたり、少しでも安い値の生活必需品を買う日常生活。ますます国民生活が苦しくなる一方だ。所得が増えないのに、物価だけが上るコストプッシュインフレ状況である。どうなる日本、どうする日本。本当に危機的状況を迎えている。

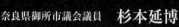

国家が国民の衣食住の安定確保に努めなければならない。「腹が減っては戦ができぬ」国民生活の安定が確保できないようでは国民国家の繁栄はありえない。

すぐにでもザイム真理教（財務省）が推し進める「緊縮財政」路線から積極財政路線へ転換することが必要だ。消費減税を行い、積極財政出動によって有効需要を増やしていくことが、国民生活の安定につながる唯一の経済政策として有効だといえる。新自由主義から転換を図るため国家の介入が必要であることはいうまでもない。

さて最近、我が国では、『資本論』をはじめ、資本主義の矛盾を指摘した本がよく出ている。またアメリカで社会主義に傾倒する若者が増えていると聞く。資本主義の矛盾を克服する一つの処方箋として社会主義が好まれる流れが出てきているのであろう。

そのような中、小生は、資本主義の矛盾克服の方法として、日本的国家社会主義を考察しながら愚説を記している。これまでの社会主義思想も十人十色であった。その国の歴史にマッチした社会主義を創らなければならない。例えば、国家社会主義を唱えるとするならば、国家主義＋社会主義の結合となる。しかし、我が国で、国家社会主義を構築するとなれば、天皇の大御心を奉戴したうえでの、国家主義と社会主義の結合と調和が必要となってくる。

戦前の高畠素之ら多くの思想家活動家が訴えた国家社会主義論では、あまり天皇論に触れていない。戦前の国家社会主義思想家は、社会主義の経済論や体制論、機能性ばかりを論じていたように思う（社会主義は君主制よりも経済制度を論じる傾向が強い。時代状況であろうか経済思想が最優先されていた）。

山路愛山が「**日本国民の総体は一家族なり。家人父子の関係を以て国体の本義とす。**（略）**皇室を人民の父母とするなり。皇室既に人民の父母たらば国民の一家たること論理的必然の結果に非ずや。国民既に一家たらば其情は家人父子の如く一人の利害と公衆の利害の密接相離るべからざるものなること勿論に非ずや。**」（『**社会主義管見**』**より**）と述べている。

君民一体の国柄を簡潔に示している。この思想こそ日本的社会主義の根本となることはいうまでもない。

また津久井龍雄は「**高畠の国家社会主義の中に、事実として国体と社会主義の結合があることはいうまでもないが、本来の天皇制の理念の中に社会主義と矛盾しないのみか、それを発展させうる精神的基盤が存することをみとめたからであって、天皇制の権威のもとへ社会主義を売り渡そうと意図するものではなかった**」（「**高畠素之における先見性**」**より**）という。

ここで、天皇制の理念こそ社会主義に日本的生命を確立させて発展させることができるという。

日本的生命とは何か?それは天皇の大御心である。政治、経済、社会すべての分野で「国の平安、民の安寧」の世の実現していくマツリゴトが望まれるのである。前号でも記したが、歴代天皇のみことのりから御心を奉戴してマツリゴトにあたらなければならない。今の世に適応するなら例えば、消費減税策なら、仁徳天皇の民のかまどの詔、災害予防策や国土強靭化策なら、平城天皇が仰せになられた詔から、経費を惜しむことなく平時から災害対策に費やすことの必要性を学ぶことができよう。

天皇の大御心を奉じて、日本民族共同体のなかにおいて相互扶助、互助互譲に基づいた、まつりごとの実践こそが、日本的国家社会主義のモデルケースだと考察している。畏れ多いことではあるが、歴代天皇の「みことのり」を奉戴した日本的「みことのり」経済学を構築してもよいのではないだろうか。この試案について改めて記すことにする。

国家社会主義から皇産分用権へ

日本的な国家社会主義思想を考察していくなかで、どのような思想的バックボーンを核心とすればよいのか?戦前の国家社会主義思想家のなかで、石川準十郎が唱えた「君民一如の搾取なき国家」がよく的を得ていると思う。

石川は、その考えについて、次のようにいう「**君民一如となって天土と共に安かれ、天土と共に栄よということこそは、我民族の建国の本義であり、日本民族共同精神の現れである**」「**国家社会主義によって始めて搾取なき国家は実現されるのだ**」(「**君民一如の搾取無き国家に就て**」より)

この言葉は小生が研究している西光万吉らが『街頭新聞』(昭和9年~同13年)で主張した「君民一如搾取なき新日本の建設」と同じ趣旨である。西光は、石川が主宰した大日本国家社会党に参画した理由を「**この党の日本民族の古典的共同精神の現代的表現としての国家社会主義と私の高次的な高天原の展開とに一脈相通じるものがあった**」(「**略歴と感想**」より)からだと述べている。ここでいう「高次的高天原」とは、西光万吉が主張した理想的社会論であった。おそらくエンゲルスの主張した「高次的な段階におけるゲマインシャフトの社会」思想を参考にしながら、日本に適応して「高次的タカマノハラ社会」論を構築した節があるように思う。

さて西光が、「高次的高天原」理想社会を国家社会主義思想を通じて実現しようと主張を展開していく過程で思想的進化があったことに小生は気づいた。この発見については、『維新と興亜』別冊号（令和4年9月）にて記している。『街頭新聞』第22号までは国家社会主義思想が展開されていたが、第23号からは皇産分用権を主張していく論調の変化に気づいたのだ（以降、国家社会主義の文言が出てこない）。つまり国家社会主義思想から皇産分用権に思想的進化を遂げたということであろう。このことを西光の同志であった中田竜三が**「国社党の総合弁証法は国家主義プラス社会主義=国家社会主義であって（略）この理論をもう一歩進めて物心一如の化合論に持って行かればならない（略）皇産分用権があるのみである」（「愛知時計労働争議顛末記」より）**と論拠を示していた。

西光は、一貫してローマ法的私有権を批判していた。私有財産制度から持てる者と持てない者との不公平感が生まれる。階級的搾取の廃絶を目指す原基をタカマノハラに求めたのだ。そして、奉還思想と赤子思想に基づいた高次的高天原を構築していくうえで、日本的所有権をローマ法私有権から皇産分用権に変わらなければならないとの論説を主張していた。つまり西光は、資本主義から発生する社会的矛盾点を正していくなかで、皇産分用権という日本的な所有権思想を構築して問題提起したということである。

ローマ法的私有権があるから搾取や格差や差別が生まれる。所有権を変えることで、社会の不公平をなくしていこう。日本的所有権を皇産分用権として定義することで「君民一如搾取なき日本」を建設していかなければならない。そう考えていたと考察している。

小生は、西光万吉が『街頭新聞』紙上で唱えた国家社会主義論を根底にして、あらゆる国家社会主義思想を比較しながら、政治社会論、搾取論、資本と土地の公有論（国有論）、富の分配論、制度論、所有権論、社会主義論等、個別具体的な考察を深めて愚論を展開していく。

高山彦九郎伝 ❺

道行く歌人・彦九郎

歴史学者　倉橋　昇

はじめに

高山彦九郎は旅する歌人であった。次の歌などは、旅のつらさを愉しさに転ずるような詠み振りで、実に見事に風雅を表している。

長閑にも霞の衣旅にきて
春立そむる野への若草

やすらふて見れは山もと
霞たつ旅の衣にかさねき
なまし

けふこゆる山路の花も咲
きそめて花にうつれる香
ぞ残りける

かたみとを見つる心に花
の香をとめてや旅の思ひ
出にせん

ただ、この風雅の背景には実際に道を行くという行為があり、さらにはそれを可能にする精神が伴っている事を忘れてはならない。本稿では彦九郎が実際に辿った旅路の一部を紹介しつつ、彦九郎が歩んだ精神としての「道」について述べてみたい。

北陸行　新田義貞公の道を辿る

安永四（一七七五）年二月十八日、京都丸太町油小路西入るところの高芙蓉の宅から彦九郎は北陸への旅を始めた。当日の彦九郎の日記には、芙蓉一家の心の籠った涙ながらの送別に彦九郎もまた涙を流した由が記されている。その後、彦九郎は丸太町通を東へ進み、御所の東の御門などを拝しながら寺町通を北上し、今出川通を東へと進んだ。近いうちに上京することはなさそうであることを思い、「王城の名残敬み畏れみ畏れみとて遥に帝城の方を遠く敬みて拝し奉る」彦九郎は次の歌を詠んだ。

思ひきや越路の雪に旅寝して都の春をよそに見んとは

この歌は、在原業平が惟喬親王を大原の小野に訪ねた時に詠んだ歌「忘れては夢かとぞ思ふ思ひきやゆきふみわけて君を見むとは」を本歌としている。惟喬親王は文徳天皇の第一皇子であったが、藤原氏の権勢のために東宮の位を第四皇子の惟仁親王に奪われ、出家し比叡の麓で暮らすことになった。業平は自身が仕えていたこの不運の親王を慰めるために雪の中訪ねて行ったのだが、その際に詠んだとされるのが右の歌である。

彦九郎の歌は、この都の外の寂しさ、殊に雪の道を行く厳しさを思う歌であると同時に、君に寄せる自身の忠信の心を忘れることなく、都の花を再び見たいという意気も感じさせる。これには王朝の風雅に心を寄せる彦九郎の詠み振りが表れている。

京都から北陸へと抜ける道は、出町柳からは三つ考えられる。一旦大津へと出て、琵琶湖の湖西を辿る西近江路、大原から水坂峠へと出る若狭街道、鞍馬から遠敷へ至る針畑越えだ。この時彦九郎が通ったのは、西近江路であった。彦九郎の日記には湖西の様子が詳しく書かれている。その中でも筆者の目を引いたのは、新田義貞公の妻に関する記述であった。

実は湖西・堅田には、義貞公の妻・勾当内侍《こうとうのないし》を祭る神社がある。野神神社という。勾当内侍は一條経平の三女で、後醍醐天皇の官女であったので、その職であった勾当内侍で呼ばれるようになった。義貞公はこれを賜った。公が越前へ敗走の途、勾当内侍は堅田の地に留められ、公の死の報を受け琵琶湖で入水を遂げた。その霊を慰めるため村人たちが社を建立したと伝わり、境内には勾当内侍の墓がある。

彦九郎の日記には次のように記されている。

堅田に勾當内侍墓あり。そこにて自害せられしと申。四十年前に其處の禅僧断崖和尚詩を石に題すといふ。因て今堅田まで帰り真野村へ入。石橋をわたり西の細道を十丁斗右の方水田の中に杉三本柳壹本其家の廻りは水田にて嶋の如し。田間の細道に大石に勾當内侍道とあり。脇に

勾當内侍者左中将義貞之夫人也公結纓後來於此辭世云

内侍會潜出嶋深　怨兼湖海幾千尋　艷姿映水數株柳　人道夜來鼓瑟琴

と題して有。

彦九郎は、郷里上州新田の英雄、新田義貞公が都から越前へと逃れていったのと同じ道を辿ったことにな

るが、これは勤皇の志士・彦九郎にとっては当然のことであったろう。古の先達が通った道を今を生きるものが辿るというのは、「古を仰て今を恋ざらめかも」を基本とする歌詠みの言わば本能のようなものであり、古からの志や世界観の継承を意味する。

もう一つ、湖西を行く彦九郎が立ち寄った所で、ここに記しておきたい場所がある。藤樹書院である。藤樹書院とは、近江の聖人、中江藤樹の書院で大溝城主分部氏が補修したものだ。中江藤樹は我が国における陽明学者の祖にあたる人物で近江が生んだ傑物である。この書院は近江高島郡青柳村字小川（現在の滋賀県高島市安曇川町上小川）にあった。彦九郎は二月二十三日にここを訪れ、藤樹の筆による「致良知」の書を見たと日記には記されている。彦九郎はそこで、藤樹先生を思い、次の歌を詠んでいる。

　名にしおふ小川の星やいさぎよく今に流るる藤浪のもと

その後、福井に入った彦九郎は当然ながら義貞公の塚を訪ねる。義貞公の塚は越前吉田郡藤島と燈明寺との間にあり、福井市の北西にある。延元三年七月二日に義貞公が戦死したところに萬治三（一六六〇）年に越前藩主松平光通侯が墓を立てたものだという。

彦九郎はここを訪れた日の日記に次のように記している。

　是當國三國街道也。是より北へ行新田義貞の塚に至る。まき嶋より十町餘り田中三國街道より右十間斗のより也。碑の邊七八間四方は杉數株あり。碑は下壹二段なり。一ノ下壹五尺五寸二段合高三尺三寸さほ石長さ六尺七寸横一尺九寸みな奥行は少し短し。表に
　新田義貞戦死此所
　とあり。脇に小さく書して
　暦應元年閏七月二日
　とあり。裏に
　萬治三歳在庚子二月建之自没斯至于今年三百廿五歳
　とあり西向なり。吾拝して忠臣の死をおもふて立もとりて又拝す。忠臣の人を感せしむるは甚しきもの哉。湊川にて楠子の墓にては落涙數刻に及ふ。新田子は同郷の親みあれとも楠子の感には及びかたし。人心は公なるもの哉。唯涙は忠の厚きに多し。

北二丁斗川あり水なし。是をあか川といふ。義貞の首を洗ひし所といふ。

ここで彦九郎は次の歌を詠んだという。

武士の名をや止めし赤川に弓張月の影そ流るる

武士の悲壮な死から美しさだけを抽出し得るのも歌の効用と言えよう。義貞公を敬う心なくしてこのような歌は詠み得ない。同時に、義貞公の事績は大楠公には及ばないとの認識は、彦九郎が冷徹に物事を見ていたことを示している。たとえ義貞公が郷里の英雄であり、新田の臣・高山という彦九郎を勤皇に突き動かした誇りの源であっても、彦九郎は冷徹に物事を見据えていたのである。だが、決して義貞公を軽んじているのではない。只、大楠公が偉大過ぎただけである。

その証拠に、寛政元年閏七月二日の日記で彦九郎は、この日新田義貞公の命日は国にいたらば厚く祭りを奉るところだが、旅をしている身にはそれが叶わず残念であると述べ、次の歌を記している。

かかりける城も珍らし新田山高くそ名をは今に残して

この歌は、名城として知られる新田金山城を詠んだものだ。彦九郎の家はこの山の麓にあり、先祖はこの城で主君に仕えていた。この土地と歴史が勤皇の志士・高山彦九郎を生んだのは確かであり、ある意味でこれが新田義貞公最大の功績と言えるかもしれない。この他にも彦九郎は金山を歌に詠んでいる。

西は遠く信州淺間の煙りはなくて雪白々とみえ東は近く金山（詞書）

いつみても替わらぬ色や新田山裾より峰に松の青みて

もう一つの義貞公の墓

実は新田義貞公の墓は、燈明寺の新田塚の他にもう一つある。長林山称念寺にある墓である。燈明寺の新田塚は義貞公戦死の地にある。その由来は、明暦二（一六五六）年、付近の水田から農夫が義貞公着用兜を偶然掘り出したことでこの地が義貞公戦死の地と認定されたことによる。一方で、称念寺の墓は、太平記に義貞公の遺骸を時宗の僧八名がこの寺に運んだと記されていることを根拠としている。天保八（一八三七）年の五百回忌にあたり、福井藩八代藩主松平宗矩は義貞公の旧墓石を埋め、その上に大きな五輪石塔の墓を建てたという。

彦九郎も称念寺を訪ねている。彦九郎日記によると、ここには義貞公の像もあったようだ。

長崎入口右へ二丁余入長林山称念寺とて時宗の寺あり。ここに新田義貞の像あり。寺へ入て言は惠順といふ小僧案内にて小門を開て義貞の像の堂南向一間半に二間也。大成位牌有。表に

脇に小さく

源光院殿正四位行左近衛中将新田太守義貞阿彌陀佛

暦應元年閏七月二日

と有。裏に

元文二丁巳歳七月二日就四百年忌相當建之

とあり。□□像堂の東に義貞の碑あり。南向井垣あり。松一本有。

彦九郎はこの義貞公の像の前に銀子を呈したという。京都等持院にある足利尊氏の像に鞭打ったと言われる彦九郎である。北陸で義貞公の足跡を辿り、その霊を慰めるのは当然の行動であると言える。この対比を見ると、やはり彦九郎にとって道義としての「道」が重要であったことがわかる。

「道」を行く旅人・彦九郎

彦九郎の北陸行は、彦九郎がその生涯で歩んだ長い旅路のほんの一部に過ぎない。旅路の他にも精神としての「道」の上で彦九郎は数多の歌を詠んだが、その一部を紹介したい。彦九郎が「道」というものをいかに意識していたかがお分かりいただけるだろう。そして、その道は風雅の道でもあったということも感じていただけるであろう。

難波津を思ふ心になりて見れは花咲春にいつかへるらん

この歌は、王仁が仁徳天皇の即位を寿ぎて詠んだ「難波津に咲くやこの花冬ごもり 今は春べと咲くやこの花」という歌に呼応したものになっている。仁徳天皇の御代のような、花咲く春を思わせる時代にいつになったら帰れるのか。国の正道を希求する心を風雅な歌に託すのが彦九郎の歌の詠み振りとなっている。次の三首はその「道」を行くことを強く意識した詠みぶりとなっている。

雲はらふ風の恵に旅人の道行く空の月そてらさん

月読の神のてらしや古への道行ふりにふみ思ふらん

ふみ見ても今やしるらんいにしへの道の勇みに何か恐れん

結びにかえて、最後に彦九郎の次の歌をご紹介したい。

大原や小野にはあらぬ鳥邊野に雪ふみわけてとふ人もかな

お気づきであろうか。この歌は、本稿の初めに紹介した業平が惟喬親王を大原の小野に雪を踏み分けて訪ねて行った時に詠んだ歌を基にしている。ただ、この彦九郎の歌は「鳥邊野（埋葬地）に訪ねる人がいればいいのになあ」と述べていることから、「今は亡くなってしまった大切な人に会いたい」という心が窺える。この歌は、彦九郎の事を最も理解し支えてくれた祖母を亡くした時（天明六年・一七八六年）に、その墓の側に喪屋を建て、三年間喪に服した頃の歌である。彦九郎が国事に奔走するために歩んだ道は、このような人としての道、さらには古から続く風雅の道を歩んできたからこそ行くことができたと筆者は考える次第である。

尊皇愛国の経営　第十五回

愛国者で、日本史上最高の天才の弘法さん

㈱フローラ 会長　川瀬善業《かわせよしなり》

川瀬善業が、初めて高野山に登りました

令和五年の十一月五日㈰に、川瀬善業は初めて高野山に登りました。標高が九百メートルもあり、その山中に寺院が多く点在していました。

高野山は真言宗の聖地ですが、行ってみるといろいろな碑がありました。ヤクルト、シャープなどの大手企業の碑や、中小企業が作ったロケットの碑もありました。

高野山の奥之院には弘法さんのお墓がありましたが、その他にも様々な著名人のお墓がありました。驚いたのは、織田信長のお墓があった事です。織田信長は高野山と対立し、十三万七千人の兵力で高野攻めを行うのですが、本能寺の変が起こって、高野攻めは中止になりました。高野山も比叡山の様な運命を辿る可能性があったのですが、「敵」であった長の墓があるのは意外でした。

また、弘法さんが供花の代わりに、植物の「高野《こうや》槇《まき》」の枝葉を御仏前に供えていたので、高野山では今もなお、植物の高野槇の枝葉があちこちの店で売られていました。

高野豆腐も高野山の発祥です。江戸時代より高野山の名産として全国的に知られるようになりました。

高野山では胡麻豆腐も名産品です。胡麻豆腐の材料は水と白胡麻と吉野葛のみです。皮を剥いた白胡麻をすり潰し、吉野葛と合わせて漉したものを練り上げて

作られます。

高野山には百十七の寺院があり、その中の五十二の寺院に宿坊として泊まる事ができます。

高野山で、私は金剛峰寺、大門、御影堂、水向け地蔵、奥之院、壇上伽藍、根本大塔等を見学しました。

高野山の金剛峯寺（こんごうぶじ）です。

御廟は弘法さんのお墓ですが、承和二年（西暦八百三十五年）の三月十五日に弘法さんは、「我、入定の期、近づけり」と死期を悟り、弟子を集めて遺言を伝えました。

三月二十一日に弘法さんは入定しますが、以前より自分の廟所を決めておられ、そこに「弘法大師御廟」が建立されました。

私は今回、「弘法大師御廟」を見学した時、「弘法さんのおかげで日本が良くなった」と改めて実感しました。

高野山の弘法大師御廟（こうぼうだいしごびょう）です。

優れた宗教家であり、教養人であり、庶民にも慕われ、多くの伝説を残した「愛国者」であり、「天才」が弘法大師の空海です。

そして令和六年（西暦二千二十四年）は、弘法さんの生誕千二百五十年の年です。日本を作り上げた「愛国者」であり、「天才」の弘法さんに、今一度注目しては如何でしょうか？

愛国者であり、日本史上最高の「天才」の弘法大師の空海

高野山の御廟橋（ごびょうばし）です。

歴史上の人物で、尊敬できる人を一人挙げろと言われたら、私は弘法大師の空海を挙げます。私は子供の頃より、空海を「弘法さん」と呼び、尊敬していました。

私が生まれ育った三重県いなべ市北勢町小原一色の家は、浄土真宗の家でしたが、弘法さんのお言葉の十訓が掲げられていました。

高野山の壇上伽藍（だんじょうがらん）です。

弘法さんが開いた真言宗の「真言」とは、サンスクリット語の「マントラ」の訳語で、「仏の真実の言葉、秘密の言葉」とされています。

真言宗では、仏の真実の教え

高野山の奥の院（おくのいん）です。

は、この宇宙の真理や隠された秘密を明らかにするもので、本来は人間の言葉で表すことはできず、方便として世俗の文字と言語を借りてそれに教えを盛り込み、その教えに触れられる様にする、それが「真言」だと教えています。

昭和五十一年に、「日本経済新聞」に、「虚《こ》空《くう》蔵《ぞう》求《ぐ》聞《もん》持《じ》法《ほう》」の真言を百日間かけて百万回唱えれば、無限の知恵と記憶力が授けられる」と書かれていました。私、川瀬善業はこれを読んで、自分が出来るか？どうか？と、考えました。

弘法さんは二十歳の時に、高知県の室戸岬の洞窟に籠もり、この「虚空蔵求聞持法」の真言を百万回唱えました。

この洞窟から見える風景は空と海のみで、ここから「空海」の法名を得られ、その洞窟で、明星が目に飛び込んで来たと、弘法さんは書いています。

弘法さんの「空海」の名前のエピソードは、昭和四十三年十月以来の私の友達の、高知県在住の寺尾禮二君にも教えてもらいました。

「虚空蔵求聞持法」は、定められた作法に則って行われなければなりません。

「虚空蔵求聞持法」の真言は「のうぼう　あきゃしゃぎゃらばや　おん　ありきゃ　まり　ぼり　そわか」であり、「虚空蔵菩薩の無限の叡智を授けられれば、無尽蔵の富が得られ、自分は心からお祈りいたします」という意味ですが、それを一日に一万回、百日かけて行います。

真言を唱え終わる事を「満願」といいますが、百万回の真言を唱えて達成する人はほとんどおらず、途中で挫折するか、精神に異常をきたしてしまう人ばかりです。

弘法さんは天才であり、真言を百万回唱えられたのですが、並大抵の人では無理で、私にとっても困難な事だと感じました。

昭和五十五年に、愛知県名古屋市にある企業の「森《もり》藤《ふじ》技研工業（株）」の社長である森藤左衛門《もりとうざえもん》さんのお話を聞く機会がありました。

森藤技研工業㈱は、ステンレスや金属の処理加工を専門とする企業ですが、社長は代々「森藤左衛門《もりとうざえもん》」の名前を世襲で襲名しています。私がお話を聞きに行ったのは先代の森藤左衛門さんで、生長の家の信徒でもありました。

その森藤左衛門さんによれば、森藤技研工業（株）の業績が悪く、その状況を変えたいと思って生長の家の講師に相談したら、その講師に「ありがとうございますを百万回唱えなさい」と教えられ、それを実行する事にしました。

先代の森藤左衛門さんが「ありがとうございます」を百万回唱え終わった直後、森藤技研工業㈱に、フランスから、こなしてもこなしても生産できない程の大量の注文が入り、森藤技研工業㈱の業績は、急速に回復してゆきました。

この奇跡的な話は、まさに現代の「真言」ですね。「虚空蔵求聞持法」を百万回唱える事は難しくても、「ありがとうございます」を百万回唱える事なら、出来るかもしれないと私は思いました。

四年に一度、「ありがとうございます」を百万回唱える事を実行し続けたところ、無限の知恵と無限の記憶力を授かり、良い事ばかりが、川瀬善業に起こり続けています。今もなお、良い事ばかりが起こり続けています。

「ありがとうございます」と感謝の念を忘れない事は、自分も他人も幸福にする力があります。読者の皆さんもぜひ実践して下さい。お勧めします。川瀬善業は「ありがとうございます」を百万回唱える事を、四年に一度の実行と決めておりますが、令和六年はその年に当たります。

日本の二大密教の一つの「真言宗」とは？

真言宗の教えの基本は、密教と即身成仏《そくしんじょうぶつ》です。密教とは「真理そのものの姿で容易に現れない大日如来が説いた教えで、その奥深い教えであるが故に容易に明らかにできない秘密の教え」です。

その対義語は顕教《けんぎょう》です。要はお釈迦さまが一般大衆に向けて教えた内容であり、これは密教以外の仏教各宗派の教えです。

弘法さんは「密教の方が顕教より優れている！」と主張し、密教の重要性を唱えています。

「即身成仏」とは密教を学ぶ上で、今生のうちに成仏（悟りを得る）を達成する事を意味します。

真言宗の本尊は宇宙の本体であり絶対の真理とされている大日如来です。金剛界と胎蔵界の曼陀羅（まんだら）を経典としています。

真言宗には十八の宗派があり、大まかには古義真言宗と新義真言宗に分かれています。

「古義」には十二の宗派とその本山があり、「新」には三宗派（智山派・宝山派等）とその本山があります。

その他に真言律宗があり、二宗派と本山がそれぞれあります。

三重県四日市市にも「一心寺《いっしんじ》」という真言宗の寺院があり、以前、弘法大師の像が作られる時に、私が寄進した事があります。一心寺は京都の醍醐寺を本山とする「醍醐派」に所属しています。醍醐派は古義真言宗です。

真言宗では密教の教えや儀式を通して、現世利益を得て、困難や災厄を乗り越える力を与えられます。

古義真言宗では「念仏」を唱えれば、大日如来が現れ、教えを説いてくれると言われています。

一方、新義真言宗では念仏に合わせ、三蜜加持《さんみつかじ》の「印を組み」、「念仏を唱え」、「心を仏に向ける」の三つを実践する事で、仏の加護を受け、大日如来が現れると言われています。

空海の弘法さんは、奈良時代末期の宝亀五年（西暦七百七十四年）に讃岐の国（現在の香川県）で生まれ、俗名は「佐伯眞魚《さえきまお》」と呼ばれていました。

弘法さんが書いた「三教指帰《さんごうしいき》」によれば、弘法さんは十八歳で当時の都の長岡京の大学寮に入りました。

大学寮とは、当時の官僚養成機関であり、国のエリートを養成する場所としては現在の大学と変わりませんが、弘法さんはそこで、漢学の勉強をしていました。

しかし、大学を途中で退学し、儒教、道教、仏教を対比させた「三教指帰」を延暦十六年（西暦七百九十七年）の二十三歳の時に書きました。

二十歳の時に、室戸岬で「虚空蔵求聞持法」の真言を百万回唱え、悟りを得、二十二歳の時に東大寺で「具足戒《ぐそくかい》」を受戒し、二十三歳で「大日経《だいにちきょう》」を感得し、三十一歳で遣唐使船に乗り込み、唐に向かいました。

平安時代の天才の空海と、令和の鬼才の大谷翔平との関係？

密数の教えはインドからもたらされたのですが、唐王朝の都の長安の青龍寺の恵果《けいか》和尚が第一人者でした。弘法さんは恵果和尚に弟子入りする事になりますが、すごいのは弘法さんが当時の支那語を理解し、志那語を話し、大陸の僧侶らと渡り合えた事でしょう。

当時の長安には、インドからやって来た僧侶もいましたが、梵語（サンスクリット語）で弘法さんはインドの僧侶と会話を駆使し、コミュニケーションを取っていました。

弘法さんは優れた僧侶であり、また国際人でもあったのです。そして恵果和尚の信頼を得、純粋な密教の体系を全て教えてもらいました。伝法灌頂を弘法さんに授けた後、半年後に悪果和尚は亡くなりました。弘法さんに密教の「全て」を託したと言えます。

遣唐使船で唐に渡った日本人は天台宗を広めた最澄等、他にもいますが、弘法さんは特別で、まさに日本を代表する「天才」であったのです。

現代日本を代表する、世界レベルで活躍する天才と言えば、メジャーリーグで活躍する大谷翔平選手ですが、大谷選手は高校一年生の時から「曼陀羅」を活用していました。

大谷選手のマンダラチャートも、金剛界と胎蔵界の曼陀羅を元にしています。

曼陀羅では全てが互いに影響し合って、一つの世界を形成しています。世界がどうなっているか?を知っていれば、自分の可能性を伸ばす事ができる。平安時代の天才の弘法さんが伝えた秘儀を、千二百年の時を越えて令和時代の鬼才の大谷翔平が使いこなしていると考えれば、驚くべき事だと思います。

大陸から密教の極意を根こそぎ持ってきた弘法さんは、三十三歳の時に日本に帰国し、朝廷に「御請来目録」を提出しました。

その後、三十六歳で京都の高尾山寺（現在の神護寺）に入り、同じく唐から帰国した最澄らに結縁灌頂を行いました。

四十三歳の時に朝廷より「高野山」の下賜を願い出、その翌年に高野山の創建に着手しました。そして五十歳の時に、京都の東寺を朝廷より賜りました。

弘法さんは、嵯峨天皇、橘逸勢と並ぶ三筆の一人であり、また多くの伝説、伝承を残しています。

弘法さんの凄い所は、僧侶として密数を日本に広めると同時に、全国各地を歩いて様々な事をしている事です。

四十八歳の時に、讃岐の国に日本最大の灌漑用のため池の「満濃池《まんのういけ》」の治水工事に携わりました。満濃池は現在でもため池として機能しており、「まんのう町」の地名の由来にもなっています。

五十五歳の時、東寺に庶民の学校の「綜芸種智院《しゅげいしゅちいん》」を開校しています。そこは弘法さんが亡くなった後に、廃校となりました。

弘法さんが全国を廻り、教えを広めた事は各地で伝説として残っていますが、その弟子が「高野聖《こうやひじり》」で、同じく日本中を廻り、弘法さんの教えを広めています。高野聖が高野山の募金活動の為に、四国を廻るのですが、これが後の世に「お遍路」として庶民にも根付きました。

四国のお遍路は八十八カ所の霊場を廻りますが、一番から八十八番まで順番に廻る事を「順打ち」と言い、八十八番から一番へと逆に廻る事を「逆打《ぎゃくう》ち」と言いますが、一回の旅で全部廻るのは至難の業です。

私、川瀬善業は令和六年の一月六日㈯に、八十八番札所の「大窪寺《おおくぼじ》」と、八十七番札所の「長尾寺《ながおじ》」を逆打ちで参拝しました。

そして、令和六年中に、弘法さんが建てた四国の八十八の寺々を、すべて逆打ちで参拝したいと思っています。

くにおもふうたびと 第五回
佐久良東雄 中
歌人 玉川可奈子

明治天皇の御降誕

嘉永五年九月二十二日。新暦で十一月三日。大阪の坐摩神社にて佐久良東雄先生は次のお歌を作られました。

天照す　日嗣の皇子の　命ぞと　深く思へば　涙し流る

（天照大神の御血筋を受け継がれる皇子のみことだと、深く思へば、涙が溢れてくる）

この日、孝明天皇の皇子、祐宮睦仁親王がお生まれになりました。さう、後の明治天皇です。朝廷より、皇子御降誕御安産の祈願を依頼され、一心に祈られました。まさに先生は忠義の人物であり、さらに孝行の人でした。そのことは次のお歌からもわかります。

君に親に　あつくつかふる　人の子の　ねざめは　いかに　きよくあるらむ

（天皇と両親にしっかりと仕へる人の朝の目覚めは、どれほど清々しくあるだらうか）

このお歌から連想するのは、忠義孝行を尽くすとは、「まづ一日一日を大切にする」、といふことにあるといふことです。国家の将来を議論すること、隣国を批判することだけが愛国者のつとめではありません。一日一日を大切にして仕事に励むこと。まづは自分の周りのことを丁寧にすることです。さうすれば眠りも深くなり、寝覚めも清くあるといふことです。先生のお歌から学ぶことはたくさんありますね。

楠公尊崇

橘曙覧先生のところでもお話ししましたが、幕末の心ある人は皆、楠木正成公を尊敬してゐました。それは、佐久良東雄先生にとつても例外ではありませんでした。

先生が楠木正成公を尊敬していたことは、子息である石雄《いわお》に当てた「遺書」に明らかです。該当する箇所を引きませう。

…カナラズモカナラズモ学者ニモ、詩人ニモ、歌ヨミニモ何ニモ、成《なら》ント思ふ事、狂人ノ心也。

唯唯々々楠正成尊《みこと》ノ如キ忠臣ニナラウト、一向一心ニ思慮《おもう》ベシ。思テ修行スベシ。…

「唯唯々々楠正成尊ノ如キ忠臣ニナラウト、一向一心に思慮ベシ。思テ修行スベシ」。とてつもなく重たい御言葉です。そして、先生は「歌ヨミ」、つまり「うたびと」とされることを拒みました。

先生は楠木正成公を次のやうに歌ひ称へました。

天地の　よりあひのきはみ　武士の　かがみとなりし　君がいさをは

（天地の果ての果てまで遠く偉大な、武士の鑑となつた正成公の功績よ）

この楠木正成公を歌つた御歌の元の歌と見られるのが、『万葉集』の次の歌です。

天地の　寄り合ひの極み　玉の緒の　絶えじと思ふ　妹《いも》があたり見つ（巻十一・二七八七）

（天地の寄り合ふ果ての果てまでも、玉の緒の命の絶えるものかと思ふあなたの家のあたりを見ました）

男性から女性に送つた相聞歌です。「天地の寄り合ひの極み」とは、天と地が接するかなたのことを指します。はるか遠方のことです。二七八七番歌では、時間的な意味に用ゐて、二人の仲が永遠にあれと願つてゐます。

なほ、『万葉集』における「天地の　寄り合ひのきはみ」の先例は、柿本人麻呂の「日並皇子挽歌《ひなみしのみこばんか》」に「…葦原の　瑞穂の国を　天地の　寄り合ひの極み　知らしめす　神の命と…」（巻二・一六七）とあるのがそれです。恐らく、人麻呂のそれが『万葉集』の初出でせう。東雄先生は、「天地の寄り合ひのきはみ」といふ表現を楠木正成公の偉大さをあらわす例へとして、用ゐたのです。

東雄先生にとつて、楠公は「人の鑑」といふべき存在でした。

日本文明解明の鍵〈特攻〉⑦
日本異質論と奇跡の国日本論をこえて

歌人・評論家　屋　繁男

4、日本文明の独自性に宿る普遍性

①　日本人における他者や自然との関係性

A　万葉歌における他者や自然との関係

B　茶の湯における日本人の思想と倫理

C　芭蕉の俳諧における自然（他者）への没入

②　大勢順応主義の両面性

③　日本異質論と奇跡の国日本論をこえて

②　大勢順応主義の両面性

周知のように欧州中世期末一五世紀に行われた「魔女狩り」、つまり付和雷同的な大衆の大勢順応主義には明白な「雪ダルマ効果」あったと言われている。また近年では第二次世界大戦後、伝統的な日本で言えば大正から昭和の初期までの「内面志向型人格」が「他人指向型人格」、すなわち大勢順応型人格に変わりつつあったと指摘されている。これは米国での産業消費社会の成立とともに生じた社会潮流をデイビッド・リースマンがとらえた説であるが、このような大勢順応主義の例はいわゆる先進地域である欧米社会においても、このような社会潮流に対する警告や批判は数多く述べられている。

ところで、日本の大勢順応主義は欧米のそれとは共通の部分を持ちながらも、その内容においては、実に違った驚くべき特色を持っているのである。これを欧米文明的な観点に主軸を置けば以下のように言えるであろう。伝統文化の中に「大勢順応」対「信条の自由」

ないしは「集団主義」対「個人主義」の鋭い緊張関係を含む社会と、これに対し、個人の信条や良心の自由の強い主張をその支配的な価値体系の中に含まない社会とでは大勢順応主義の現れ方が違うのはある意味当然である（加藤周一『日本文化の時間と空間』岩波書店）。思うにこのように個人の信条や良心の自由の強い主張を持たない社会、例えば日本社会のような場合、欧米とかに比してもっと大きな、そして致命的な大勢順応主義になるだろうと言われたとしていることは予想されるであろう。

しかし日本人の大勢順応主義は単にそのような短所の観点から記述するだけでは的確にとらえられないであろう。そこには日本文化、もっと言うならば日本文明特有な性質が大きく関係してくると思われるからである。

デイビッド・リースマン

日本人の大勢順応主義は、一見便宜主義のように見えるがそうではなく本心から、場合によっては夢中になってそう希望するのである。周知のように、先の大戦や鬼畜米英を叫んでいた人々は焼跡の平和主義者となり、マッカーサーの崇拝者となり、米国文明の理解者となった。この例は大勢順応主義の典型的な低落した例と言えるであろう。

しかし、思うに日本人の大勢順応主義を理解するにはそれだけでは全く不十分である。そこにおいては誰もが公に純然と和を貴び、そしてここが大切なところだが「無私」の立場からにぎにぎしく変容し順応することが可能なのである。即ち無私ではなく「私利」を目的として原則を曲げて立場を変え変容するのであれば便宜主義であるが、これはそうではない。ここで大切なことは思想信条等の原則を変えて立場を変えるのではなく、よって立つ立場を変えることを原則とすることである。そしてその場合、日本文明特有の「無私」であるとする思想的建前が前面にせり出してくるのである。即ち、自己と他者ないし自然（事物）を究極的に選択せねばならぬ状況に至った時、日本人は後者を選ぶという特性が表面化するのである。おそらく日本人の大勢順応主義を理解する鍵は日本文明の基礎にある自然信仰に支えられたこの「無私」という思想にある。また従来大勢順応主義と言うと「滅私奉公」とか長いものには巻かれろ等の通俗的、低落的「無私」と同等に思われ誤解される可能性が大である。それも当然である。日本の啓蒙的思想者が、このことを真剣に取り組んでこなかったがために、いわば思想、理念としての無私と堕落としての無私との落差とその意味を論じてこなかったからである。(同書)

そこで取りあえずここでは最後の最後究極の、自分や仲間の存立や生死の危機の時空での「無私」だと言っておこう。

③ 日本異質論と奇跡の国日本論をこえて

昭和一九年(一九四四年)一〇月二五日、敗戦色の濃い状況下で行われた作戦、つまりフィリピン・レイテ沖でアメリカ海軍艦船に敢然と体当たり攻撃を行い、大戦果をあげた。ヨーロッパ戦線を含めた大戦勃発以来すでに五年、軍の発表や戦闘のニュースに、世界の人々はかなり食傷してはいても、この戦闘ニュースだけは驚きと感銘を受けたようである。ある者はこのような人道を無視した手段自体に戦慄を覚え、許されるべきことではなく、一種の集団的発狂だと決めつけた。またある者はこのように自己を犠牲にしてでも、純粋軍事的に勝利を目指さんと決行した青年隊員たちに対する敬意と感嘆を惜しむことはなかった。戦後から今に続く「日本異質論」と「奇跡の国日本論」の原型がここに見てとれる。

日本国内では大戦への反省から、そしてGHQの検閲とその他の支配や圧力から、前者の「日本異質論」に傾く論者が多く登場し、特攻隊どころか戦争そのものは絶対いけない、ないしは永久にあり得ないとするような論評が多く見みてとれ、今に至っている。その結果「戦死はありえない」という、極めて無責任な〈戦後〉に今や至っていると言えるであろう(井上義和『未来の戦死に向き合うためのノート』創元社、二〇一九年)。

他方、後者、特攻という行為に敬意と感嘆を惜しまない論者は当然日本国内にもいるのである。いわく、日本精神はいつもあのようなものであり、今も武士道は健在である。つまり他の民族や文明に属する人々よりも日本人ははるかに勇敢であると考えるのである。しかし、いかに勇敢な軍人であっても、あのような作戦を実行できるわけではない。そこには何か民族的という以上に文明論的な文脈があるはずなのだが、そこを語って説明しようとしない。とりあえずでもいいから説明すればいいのだがそれができない。恐らく状況（自然）が変化して必要が醸し出されれば可能と考えているのであろう。

しかしそれでは外国人、他の文明に属する人々には、さっぱり解らないままである。そこで筆者は日本文明の奥底に降りて、古代の古事記や万葉集の中に、そして、さらに近世における芭蕉以降の俳諧、俳句の中にこそ日本人の生き方思想の基礎が見えると考え、このような論稿に及んだ次第である。

思うに万葉集はなおき心、まこと、ますらおぶりという古代日本人の心性をよく現わしているのだが、単に叙情や叙事の詩としてあるだけではない。本論の中でもいくつかの地点で論じたように、深い思想や倫理がそこには詠まれ語られているのである。古代日本人が作った万葉集に叙情や叙事だけでそのようなものはないと考えることこそ現代日本人のおごりといってよい。筆者は万葉集の中に倫理思想やさらには哲学を引き出して、日本文明の何たるかを少しでも明らかにせんと試みたのである。すなわち、他の文明の文脈からは理解しがたい日本文明独特の文脈について論じようと考えたのである。そして、その中でもさらに理解の困難な特攻隊青年たちを日本文明の文脈の内に正しく位置付けることによって彼らの鎮魂を果たさんとしたものである。

幸いに筆者は万葉学者ではないが歌人である。そこでこのような試みが可能になったと思われる。しかし、文学者も哲学者も、この大戦末期の特攻隊青年たちを正しく日本文明の文脈のうちに位置付けることがいかに大切かを銘記すべきであろう。この作業をなしておかなければ恐らくは日本という国家、民族、そして文明はグローバリズムの嵐吹きまく世界の中に消滅することにもなりかねないからである。

（完）

在宅医療から見えてくるもの
西洋近代文明の陥穽とその超克⑯

因果律の通用しない世界

医師　福山耕治

サイコロと人体

今、あなたの目の前にサイコロが一つあるとしよう。もしも、そのサイコロがかたよりのない正確なサイコロであれば、1から6までの各目の出る確率は全て6分の1になるはずだ。数学や物理学では、かたよりのないサイコロやくじ引きなど理論的なモデルから確率を計算する。しかし、世の中のあらゆる事象は複雑であり、理論的に確率が計算できることの方がむしろ少ない。実際には、手作りのサイコロにかたよりがあったり、工業的に生産されたサイコロでも不良品であったり、イカサマ用に鉛が仕込んであったりする。そうなってくると、各目の出る確率が全て6分の1ということにはならないだろう。実際のところ、世の中は複雑であり理論的にはいかない。

理論的ではないこと複雑なことについて何とかして確率を知りたい。そこで人間は理論的に計算できない事象の確率を知るために統計という経験的・観察的な（帰納的な）方法を使う。例えば、かたよりのある（出鱈目な）サイコロでも何万回も振って出た目の回数を集計していけば、それぞれの目が出る確率を知ることができるだろう。統計とは文字通り「統《す》べて計《はか》る」ことである。

人体はサイコロどころではなくもっと複雑である。人体の中で引き起こされる現象を扱う医学・薬学は、もちろん理論的にはならない。例えば、薬理学的に効果が期待できる薬でも、体質と言われるような個体差があり、人それぞれで効果があったりなかったりするし、思わぬ副作用が出たりする。さらに、人間はとても主観的な生き物なので体質だけではなく思い込みによっても効果や副作用が左右される。偽薬《プラセボ》でも薬だと聞かされて内服すると効果が出ることは「プラセボ効果」として知られているし、逆に、副作用を説明されると疑心暗鬼になり偽薬なのに副作用の症状が現れることは「ノセボ効果」と言われる。

このように人体は非常に複雑であり理論的ではない。よって、かたよったサイコロのように統計的に確率を調べるしかない。統計を取れば当然例外的なことも観測される。100%効果の出る薬や副作用の確率が0%の薬などというものはこの世に存在しない。そして、理論的な確率か統計的な確率かという違いはあるが、サイコロも人体も確率が100%とはならないので、「事前には確定しておらず、やってみないと分からない」という点で本質的には同じである。

因果律の通用しない世界

あなたが今現在医師から何らかの内服薬を処方されているとしよう。その内服薬の名前を仮に○○○として、「google などの検索エンジンに「○○○　添付文書」と入力すると検索結果にその薬の添付文書が出力され閲覧することができるだろう。添付文書とは、家電製品でいうところの取り扱い説明書であり、その薬の詳しい説明書きである。「一般名」「効能・効果」「用法・用量」などが記載されている。

それらの中に「臨床成績」という欄があり、適応症ごとの有効性を知ることができる。実際に閲覧してみると分かるが、有効性は100%ではない。概ね90%くらいであり中には70%くらいのものもある。「副作用」の欄には、その薬によって引き起こされる可能性のある副作用がリストになっている。思ったよりたくさん記載されていて、それぞれに「0・1%-5%」とか「0・1%以下」とか「頻度不明」とかその確率が記載されている。

人は通常は因果律で物事を考えている。因果律とは、平たくいうと「現在Aという事象(原因)が起これば、必然的に未来にBという事象(結果)が起こる」という考え方だ。例えば、「水道の蛇口を捻れば水が出る」という具合に。同様に内服薬については「薬を飲むと病気が治る」という風に分かりやすくシンプルに考えている。しかし、これらのことは厳密に言うと正確ではない。水道だって断水になっていたり水道管が破裂していたりすれば蛇口を捻っても水は出ないし、薬も前述のように有効率90％くらいであれば、残り10％くらいの確率で効果が出ないので病気が治らないことも当然ある。逆に、確率はそう高くはないが副作用が出てしまうこともある。

大雑把に因果律で物事を考えても日常の生活で困ることはないだろう。しかし、医療の現場では因果律は通用しない。そうは問屋がおろさない。なぜか？ 確率統計の世界、つまり、「事前には確定しておらず、やってみないと分からない」という世界だから。本質的にはサイコロと変わらない。確実に薬や治療の効果が出るという保証はどこにもないし、明白な医療過誤（ミス）がなくても一定の確率で有害な事象（副作用・副反応・合併症）が起こってしまう。中には重篤なものもある。そして、10万人に数人程度のごく稀な副作用であったとしても、起こってしまったらその人にとっては100％ということになる。

人は主観的に因果律で物事を考えるが、蓋を開けてみるとそこには客観的な確率統計の世界が拡がっている。因果律の世界と確率統計の世界。人はこの似て非なる2つの世界の狭間で認知的不協和に苦しめられる。この認知的不協和こそ西洋近代文明の陥穽と言える。薬を飲むと病気が治るはずなのに、治らないばかりか副作用が出てしまう。薬を飲む前に有効性が0％と言われても、本当のところはやってみないと分からない。悪い結果が出た後に「どうしてこうなったのか？」と嘆きたくなる。こんなはずじゃなかったのに、と。では、どうすれば良いのだろうか？

ロシアンルーレット

回転式《リボルバー》の拳銃の6つの弾倉のうち1つに実弾を込めて銃口を頭に当ててシリンダーを適当に回転させて引き金を引く。これはロシアンルーレットと呼ばれるものだ。何の理由もなくこんな危険なことをする人はいないだろう。しかし、6分の1の確率で死ぬかもしれない代償として得られるものがあったらどうだろう？例えば、残り6分の5の確率で生き延びた場合に、次のものがどれか一つ得られるとしたらあなたはどうするだろうか?「怖いもの知らずという名誉」、「10億円」、「総理大臣の役職」、「愛する異性からの好意」、「瀕死の状態にある我が子の命」、「不老長寿」…。

もちろん、答えはあなたの価値観によって決まる。何のためになら命を懸けられるだろうか?何を大切に思うだろうか?どんな代償でも絶対にやりたくないかも知れないし、これというものがあるかも知れない。次に、ルールを少し変えてみる。弾倉に込める実弾の数を1つから3つに増やす代わりに、銃口を頭ではなく足に当てるとしたらどうだろうか?被弾する確率が2分の1に上がり代償を得られる確率は2分の1に下がるが、頭ではなく足に当たるので仮に被弾しても死なずに済むはずだ。ロシアンルーレットを引き受ける人はきっと増えるだろう。

結論から言うと、因果律の通用しない確率統計の世界では(つまり、医療では)、ロシアンルーレットのようにリスクとリターンの比較によって考えていくしかない。「負の事象の内容と確率」と「得られるものの内容と確率」、この2つを天秤にかけて答えを出すということだ。ここで最も重要なのがあなたの主観的な価値観である。天秤がどう傾くかは最終的にはあなたの価値観によって決まる。そして、この価値観は同じ人であっても時と場合によって変わってくる。若くて元気な時と老病死に差し掛かった時では考え方が違ってくるだろう。

薬・手術・ワクチンなど一見安全安心に思える医療行為は、ゼロリスクではなく可能性は低くても副作用・合併症・副反応が起こりえる。中には重篤なものもある。ゼロリスクにしようと思えばリターンを諦めなければならないし、リターンを得ようと思えばリスクを引き受けるしかない。

大切なことは、事前にリスクとリターンをしっかりと把握することと、その時の自分の価値観を真剣に見つめなおすことだ。何のためにどれくらいの危険を冒すのか?できるだけ上手に天秤を働かせるしかない。やってみないと分からないからこそ事前に。例え悪い結果が起こったとしても後悔しないように。

【書評】

『米軍最強という幻想』

対米自立を唱える本誌は、防衛問題の特集を度々組み、不平等極まる日米地位協定の改定や日米合同委員会の解体を強く訴えてきた。本誌同様、日米同盟からの離脱をズバリ主張しているのが本書である。著者は日米同盟から離脱しなければならない理由は日本がアメリカの軍事的属国だからだと言い切る。

〈真の「愛国者」あるいは真に「日本の伝統を守る」という立場であるならば、軍事的属国状態を是とするはずがなく、苦難の道を乗り越えねばならずとも1300年の伝統ある独立国家という立場を取り戻そうとするはずである。まさに自らアメリカの手先となっている似非愛国者たちは、自ら論理破綻を来しているのだ〉（181頁）

しかも著者は、いまや日本は軍事的属国以下に転落してしまう重大な危機に直面していると説く。

「アメリカは弱体化してしまった自らの軍事力を中国を抑え込むことができるレベルにまで引き上げる間の時間稼ぎとして、日本をはじめとするアメリカの軍事力に依存する国々を防波堤、弾除け、尖兵として最大限利用しようとしている」（31頁）

著者はこのように述べるが、反米を唱えているわけではない。

〈日本では、日米同盟に異を唱えると安易に「反米」のレッテルを貼られがちである。しかしながら、本書の立場は「反米」でも「親米」でも「親中」でもなく、強いていうならば、ただたんに「日本の国益と日本の

北村淳 著
PHP研究所刊
1,870円（税込）

軍事的安全」だけを尊重する「日本最優先」ということになるであろう〉（29頁）

著者は、日米同盟から離脱しても、新たな同盟を結べば自立にならないので、永世中立主義を国是としなければならないと主張する。

評者もまた、日本の軍事的自立を唱え、核武装も選択肢の一つと考えてきたが、核武装には様々な障害があることも認めなければならない。こうした中で、著者は非核戦略兵器によって核抑止力を保持する道を提示する。非核戦略兵器には様々な兵器が含まれるが、著者はバリエーション、配備数、製造可能速度、コストなどの観点から、長距離巡航ミサイルが非核戦略兵器システムに最も適していると主張する。しかも、日本は、自衛隊が運用している12式地対艦ミサイルシステムを生産しており、そのミサイルの射程距離を延伸すれば、さしたる困難はなく長距離巡航ミサイルを独自に開発できると説く（２２３頁）。

長距離巡航ミサイルを保有すれば、確かに周辺の核武装国に対する核抑止力は保持できるかもしれないが、遠く離れた核武装国をどう抑止するのだろうかという疑問が生じる。だが、本書を読み進めていくと、そうした疑問に対する回答も用意してある。

〈長距離巡航ミサイルの射程圏外にある核保有国に対する核抑止力として非核弾頭搭載の弾道ミサイル、あるいは将来的には極超音速滑空飛翔体を保有しなければ、永世中立国としての中立性に揺らぎが生ずることになってしまう〉（２９９頁）。

評者の目を引いたのが、序章のタイトル「王道へ」である。ここからは、著者の視野に日本の国柄が入っていることが窺える。

「日本は西洋覇道国家の盟主アメリカの番犬から離脱し、東洋覇道国家とも一線を画し、いかなる覇道国家にも従属せずいかなる国々とも同盟しない王道国家として生まれ変わる」（14頁）

だからこそ、著者は日本が核抑止力は保持しても、他国の領土内に攻め込むことはできない構成とすることにこだわりを持っているように見える。

本書を契機に、日本本来の姿、さらに言えば国体の問題と合わせて防衛政策が議論されるようになることを期待したい。

（坪内隆彦）

小川寛大『池田大作と創価学会』（文藝春秋、1045円）

すこぶる面白く、すこぶる勉強になった。さすがは名編集長の文才が光る好著である。一件、池田大作氏や創価学会について批判的かつ冷淡な切り口で書かれているかに思ったが、全体を通して読むと、希代の宗教家としての池田氏の人物像と教団の盛衰を公正かつ情感あふれる筆致で描いている。

第二代会長の戸田城聖氏が死去したとき75万世帯程であったとされる創価学会を「折伏大行進」で750万世帯まで増やしたという（教団公式発表）池田氏であるが、東京の貧乏な海苔屋出身のたたき上げであった。若い時には教団の収入源として「サラ金の取り立て屋」をしたこともあり、1957年の「大阪事件」では、有権者に「布教」と称して戸別訪問しタバコなどを配らせたとして公職選挙法違反で逮捕拘留されたりもしたそうだ。1964年に結成した公明党は南無妙法蓮華経の「広宣流布、国立戒壇の建立、王仏冥合」（この「国立戒壇」を提唱したのが国柱会の田中智学というのも面白い）を掲げる政教一致政党であったが、69年の「言論出版妨害事件」を機に「平和と福祉」の世俗政党に看板を変えたそうである。

この「妨害事件」で進退窮していた池田氏に接近し、救いの手を差し伸べたのが、中ソ対立のなかで日中国交正常化を模索していた周恩来であった。今日に至る中国との強いパイプの起源である。また、創価学会は米ソ冷戦下の保革対立の中で労働運動にも組織化されなかった「貧乏人とか病人とか未組織労働者」などの下層階級の受け皿になったという意味で「反共の防波堤」になったとの見方もあるようだ。

いまでこそ公明党は自民党と連立与党を組んでいるが、「自社さ連立政権」時代の自民党は、公明党を取り込み、政権奪取を目指していた小沢一郎氏率いる新進党に対して「実質的に創価学会票に支えられた宗教政党ではないか」といって激しく攻撃していたという。何とも皮肉な話だ。戦後の保革対立の間隙を突いて成長拡大し、政党の離合集散と野合のなかで政権まで奪取した池田氏と創価学会の歴史は、戦後政治史そのものである。

（折本龍則）

池亀彩『インド残酷物語』（集英社、968円）

本書は、長年現地でインドを調査してきた著者によるインド論である。インド社会の負の部分を見つめ、隔絶する格差と台頭するヒンドゥー至上主義に心底インドが嫌いだと思う気持ちになることがありつつも、時に出会う明るく優しくたくましいインド人に心救われる。そんな著者の体験と思いが率直に述べられている。エッセイ風に書かれた筆致は読みやすいが、予備知識としてカーストの歴史は押さえておく必要がある。インドは伝統的に職業による階層意識があったが、それは緩やかな職業による集団概念（ジャーティー）でしかなかった。要するに大工の子は大工の子と結婚し、大工を営む…といったことである。しかしポルトガルが入植し、支配しやすいように階級意識を強化した。これがカースト制度である（カーストはポルトガル語由来）。その後イギリスの植民地になってもカーストは利用され、強化されてきた。インドの階級意識は植民地支配の残滓なのである。

しかし、近年経済発展著しいインドは、この激しい階級意識に貧富の格差が上乗せされる形となった。90年代以降の経済自由化によって生まれた富裕層にはもはや貧困で苦しみ餓死する庶民の生活に遭遇する機会すらない。こうしたエリートたちはインド社会の雑多さに触れられると露骨に嫌悪感を示し、同じ人間だとみなされたくないという態度を示す。庶民とエリートとは話す言語も違い、意思疎通も取れないし、取らない。

インドはいまだに見合い結婚が多く、それによるコネがないと仕事も回らない傾向にある。本書の著者がずいぶん自由恋愛や自由な職業選択に好意的なことに私などは辟易させられる。たしかに不可触民と結婚したいなどと言ったら自分の子どもを殺してまでも阻止しようとするインド社会は残酷だろう。だが、それを「自由」にしても、それは富裕層の自由にしかならず、それを自由な選択による自己責任で片付けられる世界が待っているだけだ。

本書に登場するウーバーで成功したスレーシュのその後は興味深い。階級格差による残酷さを逃れても、自由による残酷さが待っている。インド社会は現代世界のひとつの象徴なのかもしれないと、本書を読み思った。

（小野耕資）

昭和維新顕彰財団 大夢舘日誌
令和五年十二月〜令和六年一月

一般財団法人昭和維新顕彰財団は、神武建国から昭和維新に代表する「日本再建運動」に挺身した先人の思想と行動を顕彰・修養・実践することを目的に設立されました。本財団は会員、有志の方々の支援により、岐阜護国神社内に「青年日本の歌」史料館を開館したことをはじめ、これまでに様々な活動を行っています。

「大夢舘日誌」は、事務局のある岐阜県の大夢舘から、財団の活動について報告していきます。この日誌によって、財団に対する一層の理解を頂けましたら幸いです。

（日誌作成・愚艸）

令和五年十二月三日

大夢舘館主・鈴木田遵澄が、熊本県の「木村邸」において、熊本の伝統文化について理解を深めることを目的とした第二回勉強会を行った。

第一部では熊本市議・瀬尾誠一氏が肥後桜プロジェクトや伝統文化について講演し、第二部は、小堀家十三代目の小堀俊夫氏が、肥後古流の作法を解説し、その後懇親会が行われた。

令和六年一月十九日

昨年の五月十五日に開館した岐阜護国神社内にある「青年日本の歌史料館」において、民族社会主義者である小島玄之の解説パネルが展示中である。

小島玄之は岐阜県出身であり、社会主義運動の指導者として活動後に転向、戦前は東条内閣打倒の運動に関わり検挙、戦後は全日本愛国者団体会議の理論的指導者として活躍している。

戦後は郷里である岐阜において青年指導に当たった

期間もあり、岐阜に縁のある民族主義の理論家である。

著書に『クーデターの必然性と可能性』（花房東洋刊）があり、史料館で展示している。

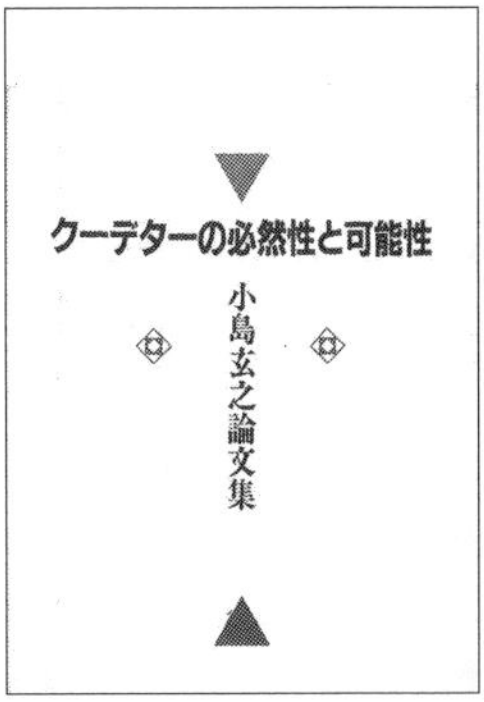

一月二十日

岐阜護国神社において、第五十二回（令和六年度）大夢祭に向けての下見を財団事務局で行った。大夢祭は毎年五月十五日に岐阜護国神社で行われているが、今回は祭祀終了後に講演会を予定している。大夢祭についての問い合わせは、財団事務局（058—252—0110）まで。

一月二十三日

昨年、京都大学の西部講堂において俳優・本多菊雄氏による独り芝居「三島由紀夫　招魂の賦」が上演されたが、令和六年三月五日～三月十六日に東京都渋谷区の大東会館において再演が予定されている。劇は、作家、行動家としての三島由紀夫の半生を、本多氏が一人芝居で演じる。西部講堂での講演については財団有志が協力していた。

問い合わせは令和六年「三島由紀夫　招魂の賦」製作委員会（03—6411—6260）まで。

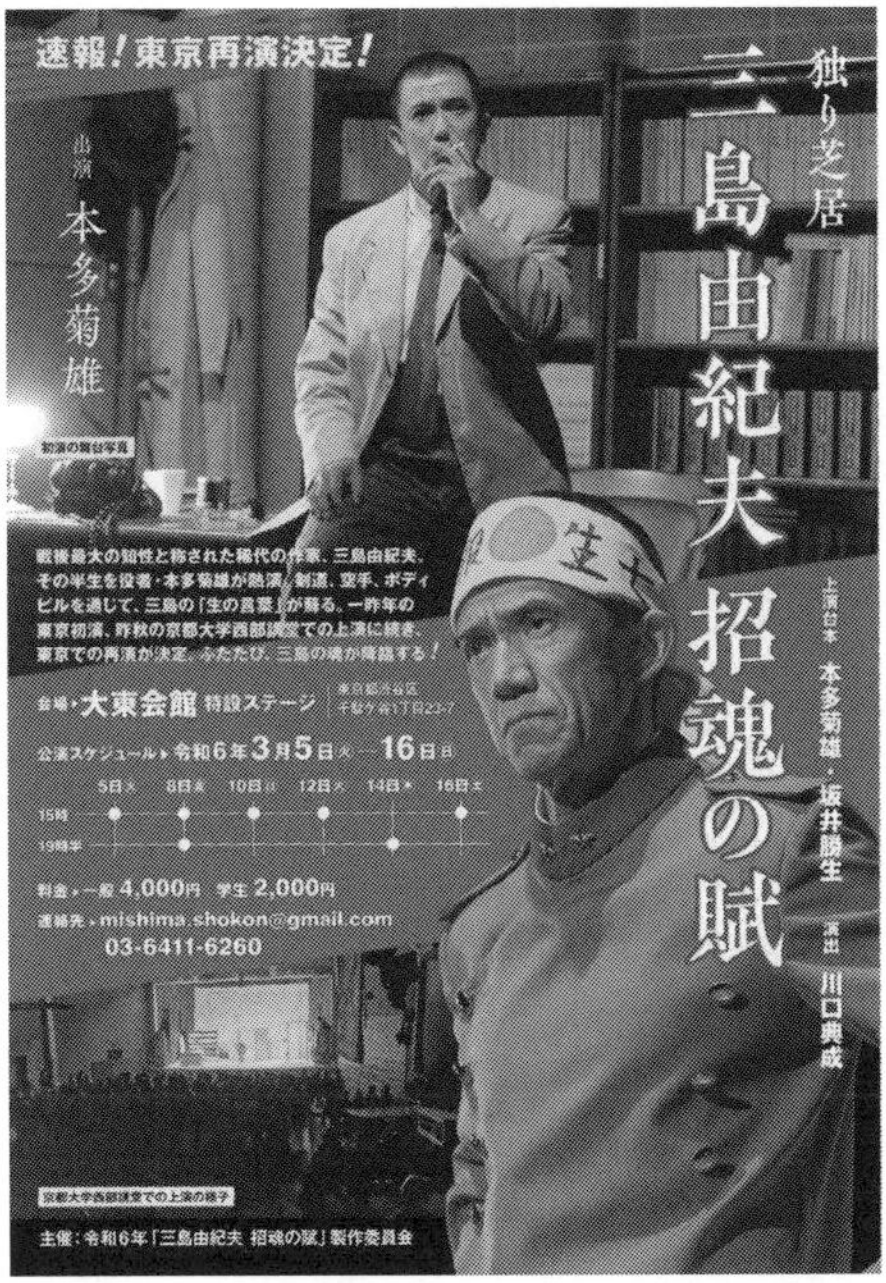

活動報告

・維新と興亜塾柳田国男の民俗学―農・神道・アジア（講師：小野耕資）、第四回（十二月二十七日）、第五回（一月二十九日）

・折本たつのり県政報告会。農業について鈴木宣弘教授の講演。（一月六日）

鈴木宣弘教授

・浦安日本塾開催。日米地位協定の問題点と弘道館記述義について折本発行人から講義。（一月二十七日）

・日米合同委員会抗議街宣。折本たつのり発行人、坪内隆彦編集長、小野耕資副編集長が賛同人に名を連ねメッセージを送る。（二月一日）

・坪内隆彦編集長、小野耕資副編集長がなるせゆうせい脚本・演出の「ロッカールームに眠る僕の知らない戦争」を観劇。（二月四日）

挨拶する頭山興助会長

・折本たつのり発行人、坪内隆彦編集長、小野耕資副編集長が呉竹会大アジアフォーラムに参加。大東亜会議八十周年記念、呉竹会創立二十年記念、機関紙「青年運動」１０００号、紀元節を奉祝した。（二月十日）。

※活動はyoutube「維新と興亜」チャンネルでも公開

読者の声

■一月号に掲載されていたスピルマン氏のインタビュー記事を読んで、戦前の右派と目される人たちの中にも、満川亀太郎のような人種平等の観点からナチスを批判する人物がいたことを知った。右翼と一言でいっても、その内実は多様であるということの好例のように思う。（本荘秀宏）

■私が全面的に信頼している国際政治学者・伊藤貫先生の講演録を掲載していただき、ありがとうございました。ネオコンがソ連邦崩壊後のロシアで何をしたか日本人は知るべきです。（気賀毅）

■前号では「中東情勢と日本人」と題して、独自の視点で特集が組まれていた。先人の教えを学びながら国体観に基づいて、権力に阿らず「対米自立、反新自由主義」を貫かれる雑誌は稀有だと思われる。これからも頑張って頂きたい。（中森浩二、東京）

読者の皆様からの投稿をお待ちしています。
二百字程度の原稿をお送りください。

編集後記

★平素より本誌に格別のご支援を賜り誠にありがとうございます。これまで隔月で発行して参りましたが、次号から季刊に移行させていただきます。これにより、本誌は時事性にとらわれず、テーマを掘り下げた特集の充実を図り、国家百年の大計に立ち、これまで以上に本質的で核心を突いた言論を展開いたします。

★小泉政権の郵政民営化から17年。今秋には郵便料金の値上げが予定されています。郵便局のサービスが良くなったとは思えません。こうした中で、今国会に民営化法改正案が提出されます。この機会に改めて郵政民営化を徹底検証する必要があります。

★五・一五事件の謀議が福岡県糟屋郡香椎村香椎温泉旅館で行われたことを示す貴重な論稿を、浦辺登先生にお書きいただきました。まもなく花房東洋先生企画のドキュメンタリー映画「検証　五・一五事件～君に青年日本の歌が聴こえるか～」（原案：小山俊樹先生、脚本：坂下正尚監督）も完成の予定。五・一五事件の真実が国民に伝わることを期待しています。（T）

≪執筆者一覧（掲載順）≫

坪内隆彦	（本誌編集長・通信文化新報編集委員）
折本龍則	（千葉県議会議員・崎門学研究会代表）
小野耕資	（本誌副編集長・大アジア研究会代表）
鈴木宣弘	（東京大学大学院農学生命科学研究科教授）
篠原　孝	（衆議院議員）
荒谷　卓	（熊野飛鳥むすびの里代表）
三浦夏南	（ひの心を継ぐ会会長）
滝田諒介	（大アジア研究会同人）
浦辺　登	（一般社団法人 もっと自分の町を知ろう 会長）
西村眞悟	（元衆議院議員）
金子宗德	（里見日本文化学研究所所長）
小川寛大	（『宗教問題』編集長）
山崎行太郎	（哲学者）
木原功仁哉	（祖国再生同盟代表・弁護士）
杉本延博	（奈良県御所市議会議員）
倉橋　昇	（歴史学者）
川瀬善業	（株式会社フローラ会長）
玉川可奈子	（歌人）
屋　繁男	（歌人・評論家）
福山耕治	（医師）

道義国家日本を再建する言論誌
維新と興亞　三月号
令和六年二月二十八日　発行
編　集　崎門学研究会
大アジア研究会
発行人　折本龍則（望楠書房代表）
〒279―0002
千葉県浦安市北栄一―一六―五―三〇二
TEL　047―352―1007（望楠書房）
Email　mail@ishintokoua.com
URL　https://ishintokoua.com
印　刷　中央精版印刷株式会社
＊次号は令和六年五月発行